当代杂文名家书系

# 时光会留下褒贬

赵相如　著

群众出版社

·北京·

**图书在版编目（CIP）数据**

时光会留下褒贬 / 赵相如著. — 北京：群众出版社，2015.10
（当代杂文名家书系）
ISBN 978-7-5014-5424-2
Ⅰ. ①时… Ⅱ. ①赵… Ⅲ. ①杂文集—中国—当代 Ⅳ. ①I267.1
中国版本图书馆CIP数据核字（2015）第243849号

当代杂文名家书系

# 时光会留下褒贬

赵相如　著

出版发行：群众出版社
地　　址：北京市西城区木樨地南里
邮政编码：100038
经　　销：新华书店
印　　刷：北京普瑞德印刷厂

版　　次：2015年11月第1版
印　　次：2015年11月第1次
印　　张：9
开　　本：880毫米×1230毫米 1/32
字　　数：184千字

书　　号：ISBN 978-7-5014-5424-2
定　　价：33.00元

网　　址：www.qzcbs.com
电子邮箱：qzcbs@sohu.com

营销中心电话：010-83903254
读者服务部电话（门市）：010-83903257
警官读者俱乐部电话（网购、邮购）：010-83903253
公安综合分社电话：010-83901870

# 思想不灭 杂文不死 希望常在

## （总 序）

朱铁志
《求是》杂志副总编

在群众出版社出版的“当代杂文名家书系”中，八位同行的作品名列其中。老友阮直兄嘱我写一点感想作为总序，犹豫再三，还是从命了。之所以犹豫，一是因为近年来工作繁忙，对杂文创作的整体情况缺乏应有的调查研究，所知有限，没有多少发言权；二是对于八位作者的了解不均衡，有的熟悉一些，有的不那么熟悉，缺乏知人论世的先决条件；三是对自己的判断能力越来越不自信：真理的相对性和判断的绝对性是一对矛盾，私心以为一孔之见的东西，别人看来可能一文不值，所以聪明人通常是谨慎而沉默的。好在我并不聪明，又兼八位作者的作品摆在那里，“鸡蛋”的味道如何，自可仔细品评，未必非要拜见“母鸡”。借用国庆长假，清茶一杯，拜读佳作，也不失为一桩美事。何况我之所以斗胆作序并不是自认有资格，而是因为崇尚独立人格、独立思考、独特表达，是因为推崇自由之精神、独立之思想。在八位作者身上，我不同程度地发现了这种“三独”气质，看到了流淌在他们文字间的杂文精神，禁不住引为同道。尽管并不完全赞同他们的所有观点，但这似乎不至于成为我们彼此疏远的原因。君子和而不同，本是同志之道；杂文作者之间，更应具有求同存异的雅量、欣赏“异己”的胸怀。

有人说网络时代是杂文式微的时代，也有人说杂文已死，杂文家已亡，蕴含其间的悲愤与无奈不难体会。这样的说法，一方面道出了事实真相，即传统的、主要活跃于报纸副刊的杂文确实呈现出衰微的景象，与报刊发行量、广告量双双走低的整体趋势高度契合。另一方面，互联网特别是移动客户端的迅猛发展，从技术层面为人们的自由表达预留了巨大空间、创造了极大可能。一批思想深邃、材料丰富、文笔犀利的网络杂文异军突起，大有取代传统报刊杂文的态势，让习惯了在报刊园地挥洒的传统杂文家一时不知如何掌握文章分寸，妥善把持杂文的“度”，变得像个“足将进而趑趄，口将言而嗫嚅”的“小脚女人”。从这个意义上说，杂文似乎确已式微、杂文家确乎半死不活了。

然而，这不过是事物的表象而已。如果把目光从报刊“花边文学”中稍稍移开一点，放眼“海量信息、实时更新、双向互动”的网络空间，就不得不承认，杂文非但没有死，反而以更加健朗的姿态、更加犀利的锋芒、更加多变的样式在更广阔的空间复活了。如果说传统杂文属于“小众写作”，门槛相对较高，那么如今的网络写作则是典型的“众声沸腾”、“百花齐放、百家争鸣”。人民群众的知情权、表达权、监督权从未像今天这样得以充分体现。一个有出息、有抱负的杂文家，不必和“评论”争短长，无须抱怨网络抢了饭碗，应该从传统报纸副刊的小天地里杀将出来，努力使自己成为评论写作、杂文创作、网络耕作的“三栖动物”，竭尽全力干好自己手中的活计就是了。本丛书的八位作者身份不同、年龄各异，既有我的前辈，也有我的同代人，更有风华正茂的七零后、八零后。他们没有止步于传统报刊，而是潇洒游走于实体报刊和虚拟空间两大地带，成为广受关注的杂文作者。

赵相如老师早年供职于《人民日报》，如今主持《华商汇》及其副刊的笔政，无论从事意识形态色彩很重的党报工作，还是主办民间刊物，都兢兢业业、一丝不苟，干得风生水起、异彩纷呈。作为杂文界的前辈，赵老师不仅几十年笔耕不辍、佳作迭出，而且在自己主持的园地里团结培养了一大批优秀作者，使《华商汇》成为一块全国为数不多的杂文热土。丰富的阅历、渊博的学识、勤奋的笔耕，使他的杂文干净清爽、老辣纯熟、绵里藏针，具有娓娓道来、从容不迫的美学气质。赵老师的杂文，极少有华美的词句、华丽的铺排，更没有华而不实的装腔作势。他的言说，倒像是阅尽世事沧桑的智者与后生秉烛夜谈，说的都是家常话，道的却是人间至真的情与理。

郭兴文先生长我几岁，属于同代人。但在我心目中，他早已是闻名遐迩、功成名就的大家了。郭兴文先生生长于人文传统深厚的陕西，大学时专攻文史，毕业后长期供职于《西安日报》，写新闻、办副刊、搞研究，样样涉猎，均有所成，著述颇丰，曾获韬奋新闻奖等百余奖项。深厚的文史功底使他的杂文具有浓郁的书卷气，他常将笔触伸向时间深处，在泛黄的书卷中寻找古为今用的资源，自如游走于古今之间，见人所未见，发人所未发。

我与阮直兄相识多年，时有沟通，是无话不说的老朋友。文人间的友谊少不了以文相识、以文相交、以文相敬。除了思想观点、审美趣味的契合，更兼声气相投、性格暗合。阮直兄，原名刘永平，从内蒙古到广西北海，一路南下，不仅将大嗓门喊到了南方，也把杂文之火烧到了那里。说到他的杂文创作，不能不提他对整个杂文文坛的贡献。他所主持的《北海日报》《北海晚报》是编发杂文颇多的地方报纸。熟悉如今杂文创作生态的朋友不难明白，这是多么不易。不仅如此，他还常常向各省市报刊毫无保留地推荐作者，许多知名和不知名的作者经他推荐走了上杂文创作的道路。他的古道热肠，是被朋友广为称道的。阮直的杂文创作带有鲜明的文学色彩，他始终把杂文作为文学的一个分支来经营，不屑于平铺直叙的所谓“直抒胸臆”。他的创作善于从细节出发，透过具象的观察得出宏大的结论，善于将理性的思考投注到感性形象的描摹之中。他创作的最大特点是幽默机智。机智来源于博学基础上的顿悟，而幽默不仅有先天性格的优势，更是一种智力的优越，这就难怪他的杂文常有一些奇妙的构思让人拍案叫绝。

熟悉赵青云的名字，始于赵相如老师主编的《华商汇》。因为常在其中的“社情杂思”栏目中碰面，由知其文而知其人，逐渐成了朋友。在我看来，青云近乎全才：头顶复旦大学哲学博士学位，担任宁波海事局的主要领导，能文擅画，又有一手专业水准的篆刻技术。更为难得的是，他并不恃才傲物，为人极其谦和朴实，不失文人本色。他的杂文多从现实中来，重实际、接地气，具有浓郁的生活气息。在朴素的文字背后，常有奇思妙想；在平和的表达之下，蕴藏尖锐的批评。

本套丛书的一大特色是八位作者中有四位女将。这里单独强调杂文作者的性别，绝无性别歧视的意味，而是因为杂文这种特殊的文体似乎男性更加青睐，与男人性格更加契合。虽然这并非绝对真理，但证诸以往的杂文创作，却是不争的事实。以我十分有限的阅读经历，发现活跃或曾经活跃在当代文坛的杂文女作者实在有限，二十一世纪以来活跃的杂文女作者似乎更少。

多年前认识孔曦，有过两面之缘，也读过她的一些作品，算是老朋友了。孔曦的经历比较丰富，工学出身，做过技术员，当过刑事技术讲师，后从事报纸编辑工作，已有多部杂文随笔集出版。读女作者的作品，往往不自觉地有“女性写作”的先入观念作祟。然而我看了孔曦近期的创作以后，却吃惊地发现她现在的创作充满了男性作者也未必具有的阳刚之气。其思想之刚健、行文之果决、论断之坚硬，都让我对这位上海女人另眼相看。

至于高伟，说来有趣，我是通过她行走天下的儿子认识她的。那个大三男孩独步青藏高原，不仅用自己的脚步丈量天有多高、地有多阔、人能走多远，而且洋洋洒洒写下了几十万字的游记，这在如今的独生子女当中实在不多见。我很好奇，这么好的孩子背后一定站着一位了不起的妈妈吧？是的，高伟便是。高伟系作家、诗人出身，博览群书带来的通达灵动，加上小说家细致入微的刻画描写，使她的杂文随笔带有一种作家气质。透过她文中涉猎的阅读范围，我也明白了她教子有方的内在秘密。高伟的杂文最为可贵的一点是她在针砭时弊的同时，常常毫不留情地解剖自己。女性的直觉一旦上升到哲学的高度，就很可能产生一种令人悚然而惊的力量和震撼。这个“一生只向真理低头”的快乐女子，善于把打击自己的力量当作自己的力量，因而具有双倍的力量。

马亚丽的名字并不陌生，从《杂文四重奏》中就已知道。作为东北老乡，我对马亚丽有一种天然的亲近感。她曾经做过环卫工人、绿化工人的经历，尤其让我肃然起敬。有人说杂文的门槛比较低，似乎谁都可以写，我完全不认同这样的说法。对于蹩脚的创作而言，小说、诗歌、散文，甚至所谓学术论文的门槛都不高，谁都可以操持，但结果却有天壤之别。流在血管中的是血，流在下水道里的只能是污水。马亚丽用自己的勤奋和才华，不仅改变了自身的命运，而且将作品刊发于全国各大媒体。她的创作徜徉于古今之间，善于从时间深处钩沉掌故，挥洒哲思。有人说她是“女子文学”中一枝挺立的奇葩，有侠骨剑气之勇、翠竹红梅之美、凌霜傲雪之姿。其文风俏皮流丽、峻拔犀利，融说理、言事、抒情于一炉，于荒唐中见真情，于幽默中寓深意。

林永芳的存在是我孤陋寡闻最有力的证据。在八位作者当中，林永芳或许是最具学者气质的一位。这不仅是因为她在先后从事科技工作、理论工作和行政工作之余始终坚持有效阅读，更是因为她的独立姿态、她的桀骜不驯、她的旁征博引、她的表面平和冲淡实则锋芒毕露的文字。林永芳的杂文有思想、有文采、有锋芒、有力度。但当她面对网络时代众声沸腾的局面时，却谦虚地说自己“不会再有‘文章济世’的天真幻想了。只不过，既然上天赐我尘世一游，既然观察未停止、思考未停止，既然偶有所思所感，不忍就这样任其散佚湮灭。相信独立思考的东西，总不会毫无参考价值。‘思想超市’里的产品丰富一分，总胜过单调一点。倘能给他人以那么一星半点的共鸣和启迪，也就不算白写了”。这样的说法，或许无意间道出了如今很多杂文家的写作宗旨，具有相当的普遍性。

是的，文章未必是“经国之大业、不朽之盛事”，也肯定没有“一言兴邦，一言丧邦”的威力，但自由思想、自由表达，永远是创造的前提。这就是杂文无论怎样卑微，依然有其独立存在价值的原因所在。

2015年10月6日于北京

# 目录 Contents

## 领悟人生篇

## 社情感应篇

## 史域明理篇

# 领悟人生篇

## » 关于美女俊男

现在，爹妈给的脸蛋和身材，可以成为致富扬名的极好的自然资源。凡有人群之处，无不在挖空心思地搞选美。报纸、电视的娱乐版断不了演员、模特的行踪和照片，成了美女俊男的天下。当然，美，让人赏心悦目；美，总是受人青睐的。很少有人不喜欢美。连整天待在实验室里的大科学家爱迪生都说："最能直接打动心灵的还是美。美立刻在想象里渗透一种内在的欣喜和满足。"如今电影、电视里，T型舞台上，往往是一大批美得让人眼花缭乱的歌星、影星、主持人、模特，即使许多公司、学校、企业、店家，也常见美人身影，使你不能不为我们国家美人资源的不断滋生和取之不尽而惊叹！

美，是与年龄相关联的。有人曾说：女人二十，风华正茂；女人三十，风光八面；女人四十，风情万种；女人五十，风雅入骨；女人六十，风韵犹存。也有人说：男人二十，英姿初露；男人三十，英俊潇洒；男人四十，英气健美；男人五十，英武逼人；男人六十，英健沉着；男人七十，英雄余威。一过了年龄段，姿容失色，黄脸瘪嘴婆和鸡皮佝偻翁也就与美的距离拉得太大了。

当然，现在明智的人对于某人美不美的判断，已经不光看重外表，也要看一看内在的功力。听说某位美人歌星曾与杨振宁同机到达机场，她发现杨先生受到许多人欢迎，而接待自己的规格却低得多，她问别人：杨振宁是靠唱什么走红的？这句话让她的形象大打折扣。两千多年前齐国有位绝色佳人，其东邻家境富有，其西邻仪表堂堂，她的父母问她欲嫁与谁，她答：东邻有钱，我去东邻就食；而就寝，我要去西邻。这个美人什么好处都想得到，后来一直无人敢娶，也是可以理解的了。这恰恰说明，外在美与内在美的统一，智慧和真诚的融合，更会令人赏心悦目。英国哲学家培根曾说：“尽管有的年轻人具有美貌，却由于缺乏应有的修养而不配得到赞美。”一点不错。有的人初交时感觉还不错，时间一长就发现有这个病、那个炎，或染了某类时髦的恶习，要依赖吃药、打针、动手术，让人整天得盯着，美，肯定要大打折扣了。还有那种杏眼圆睁、柳眉倒竖，出口就是“滚蛋”的美眉，动不动就骂“狗娘养的”、想动刀子的俊男，也是很难让人留下什么美好的感觉的。

世风多变，如今美人也并非一路顺风。比如在江南各地，有的单位招聘人员，内定不选美女，认为美女太娇、太骄、太矫，受不起一点儿委屈。自以为长得美，招蜂引蝶，互相之间别苗头、出风头、争风吃醋，不把别人放在眼里，很容易得罪人。有的大酒店原以为选点儿美人可以招财进宝，却不料事与愿违，如果男人冲着美女、款姐盯着帅哥来找刺激，用心岂在吃饭？而多数客人进酒店是来吃饭的，酒店需要在特色、价廉物美、服务质量上下功夫，这样才有回头客。这些酒店不选美人，是不想以姿色引人，很有自知之明，因而员工工作态度诚恳、任劳任怨，交办的事大都会完成得出色。杭州还有些单位，甚至选的是退了休的白发老头做迎宾或管接待，他们彬彬有礼，中文西语表达清楚，口齿伶俐，很受欢迎。不选美人的单位的头头说：如果找些俊男美女，他们也许也能胜任这类工作，但是我不希望给客人带来产生错觉的副作用。

一个人的内在美比外在美更为重要。有些单位不主张选俊男美女做“花瓶”，也许正是一种价值观的体现。

## » 且说“两面人”

王羲之微醉时书写的《兰亭序》，成为“天下第一行书”（宋·米芾语）。王羲之甚为珍爱，作为传家之宝。至第八代传人辨才，唐太宗三次命其呈献，辨才谎称“已亡佚”。不久，辨才身边多了位朋友，这位朋友谈吐高雅，擅于书法，日长时久，成莫逆之交。一天，辨才外出，这位朋友窃走了《兰亭序》。原来此人乃奉唐太宗之命，与辨才交朋友套近乎，投其所好，取得信任，最后达到窃取《兰亭序》的目的。辨才根本没料到对自己甜言蜜语的朋友，另一面却会狰狞、邪恶、下毒手，他终因痛失至宝，积郁成疾，不久去世。

中国有相当一批皇帝爱耍权术，玩弄臣民于股掌之间，运用两面手法是他们的强项，且被御用文人美化为“策略高超”、“智慧绝伦”。而皇帝之下的那种当面称朋友、背后下毒手的“两面人”，自然应运而生，在中国历史上真是可以数出一大堆。他们信奉胜者为王败者为寇的哲学，认为历史是由胜利者书写的，成功是不受任何谴责的，因而无所顾忌、不怕天遭谴。

叫人大惑不解的是，在当今时代，当面说好话，背后另有图谋的“两面人”非但没有绝迹，有些时候如污沟里的水藻，还大肆疯长。比如，“四人帮”说“文革”是要反对资本主义复辟，培养无产阶级革命事业接班人，而真正目的不过是要除掉一个刘少奇及一批老干部，以便他们掌权。

改革开放之后，不搞政治运动、以阶级斗争为纲那一套了，但是红脸与白脸、阴脸与阳脸的糅合，成了表里不一、言行不一、台上台下不一、人前人后不一的“两面人”的新变种。那些逃往国外的或已经进了监狱的权贵，哪个在台前没有漂亮动听、正义凛然的言论，而背地里荒淫无耻、贪得无厌、损众肥私，哪一个不令人切齿、心惊？近期又见数百家上市公司共同倡建“增稠道德血液”，但如何增强企业道德、取信于民，却没有一家说得出刚性措施。君不见有的上市公司的账目弄虚作假、骗到股民资金后逃之夭夭，有的公司则公然生产有毒掺假产品吗？血液增稠对人的健康不是好兆，而“道德血液增稠”不过是说得漂亮、作个秀的表演罢了。明眼人自能认得清这种假惺惺与欺骗手腕的。

在审视“两面人”的行径中，再不妨看看那些最爱露脸的人物。连篇累牍的娱乐新闻中那些男欢女爱的明星，一边肉麻得叫人心痒，一边却另抱琵琶，甚至还有“饭局价”。有些记者一边以社会良知面目出现，一边却不择手段编假新闻或是用所谓“曝光”进行讹诈，甚至为了抢红包大打出手、出乖露丑。

“两面人”之所以从上到下、各行各业不计其数，盖因利益驱使。利益是一味有效的春药。对握有权势者而言，自己不惮成个“两面人”，刘邦、李世民夺权过程是这么个表演，做定了皇帝也依然摆脱不了这套流氓手段，杀韩信、骗《兰亭序》不过是小儿科。在林林总总的官位占有者中，总是不乏盯着更强更大的权势，工于心计迎合投靠的人。于是官场中当面说好，背后下刀、背信弃义者层出不穷，争斗不断、厮杀不绝。官位只有少数人才有，那些无法占有权势者则拼命做一个活灵活现的“两面人”，逢迎巴结、挖空心思去占有钱财，就连那些九品、十品的小蛀虫，动辄也贪占几千万甚至多少个亿……

“两面人”现象，在当前的情况下仍是不大可能绝迹的。

## » “唯有好色似英雄”

（一）

“自古英雄多好色，未必好色尽英雄。我虽并非英雄汉，唯有好色似英雄。”这是“西安事变”的当事人张学良将军92岁时写下的打油诗。敢于承认自己好色并非英雄汉，张学良比起相当一批荒淫无耻且庸碌骄奢之辈，要坦诚豪放得多。少帅一生，三十六岁之前确系过着锦衣玉食、声色犬马的日子。三十六岁之后被蒋介石软禁，身边只有一个女人，也就不存在好色之实了。然而，他的“唯有好色似英雄”，既是幽默调侃，其实也道透了中国社会特别是官场中的一个普遍现象。

在中国，官员玩女人、好色成性，有着深厚的历史渊源。一旦当了皇帝，“普天之下，莫非王土；率土之滨，莫非王臣”，国土、臣民、财富都是皇帝的，三宫六院、七十二嫔妃轮流侍候还不够，大量宫女还得随时恭候被“恩宠”，皇帝实际上是最大的淫棍。而最最令人切齿的是好色淫乱中毫无人性的表现，不少帝王干尽强暴、通奸、乱伦等种种无耻的极其恶劣的勾当：与同宗室姐妹恣意淫乱，杀害朝中官员、逼奸其妻妾，甚至诛杀生父纳父妾，强娶儿媳以为妃，等等。皇帝之下，任何一个男人只要有权有势有财，三妻四妾当属名正言顺，甚至娶了妻妾再去把美女追上手，还有文人编了说文唱词津津乐道加以赞美。什么“十美图”、“唐伯虎点秋香”之类的故事，便是充分表现了有的男人好色成性的无赖腔。这种种背逆人性的淫乱往往导致中国社会的大动乱、治安败坏、道德沦丧、民不聊生。

相当一批中国文人，贫贱时为了一登龙门，苦读诗书，以“书中自有黄金屋，书中自有颜如玉”自励。一旦踏进官场，有了权，在权力导致下便以“颜如玉”多多益善来犒赏自己，非如此不足以补偿这之前的各种缺失。由此可见，中国官场中风流韵事、好色淫秽，都因有权力作后盾，权力总是无孔不入地导演着官人们的淫乱生活。

## （二）

赶走了皇帝，人民当家做了主人，也就等于宣告贪婪地掠夺别人的财富及丧心病狂的道德败坏同时灰飞烟灭。改革开放前三十年，我们生活在正气上扬、官员不敢淫秽，至少社会上不允许胡来的环境里，如有人胆敢好色浸淫，那是要付出惨痛的代价的。试举两例：曾参加过长征，身经百战、战功赫赫的北京军区副司令员王近山中将，在新中国成立后不久要与发妻离婚，因为他喜欢上了小姨子。发妻一怒之下向党中央告状，中央领导当然不允许高级干部出现生活作风问题。但多番劝导警告均无效，最终宣布开除其党籍，军衔由中将降为大校，从北京军区副司令员降为河南西华县一农场副场长。如今很多人以为这段史实是编出来的神话。不只是王近山，还有相当一批打天下的干部，进了城，见色起意，另结新爱，受到了严肃的毫不留情的处置。笔者六十年代曾在江西某中学当教师，校长是一南下干部，与校医发生了“一夜情”，丑事败露后两人立即受到了党纪、行政撤职处分。总体上说，大大小小的中国官员在那个时期是比较规矩的，社会上对于人的道德要求是十分严格的。

（三）

最近三十年，相当多的官员“唯有好色似英雄”，表面上道貌岸然、正人君子，背地里无所顾忌、邪恶淫狂。据统计，已经落网的贪官，皆有情妇、二奶、小蜜，甚至有些腐败高官几个人共享一个女人，有些官员介绍自己玩了的女人给别的哥儿们，有些官员只玩处女、大学生甚至少女，有的官员情妇数量达百人之多。很难想象，号称最先进的一员，恰恰成了历史上最无耻的淫棍，比起古代作家虚构出来的色魔西门庆还要有过之而无不及。

饱暖思淫欲。一段时期里，中国的官员权势之大中外罕见，吃喝玩乐全由前后左右侍候着，一个个养得脑满肠肥、红光满面，凸起大肚子，哪里高档、糜烂、聚蝇逐臭，哪里就是他们麇集之地，整日里无所事事，了不起也就等因奉此、上传下达，不受监督，老子说了算。只要侍候好了顶头上司，照样升官发财。在这种环境里，自然一无所忌地玩女人，甚至把包养二奶、小蜜当成自己成功的资本来炫耀。在这么一些色官掌控的地方，除了作秀，除了故弄玄虚的“政绩”，是出不了多少为普通民众办实事的业绩的。一个看重色情、追求肉体享乐的堕落官员，是无法提高自己精神追求的，权势、地位铺筑了满足他们色欲的台阶，为人民服务、为国家办事，在他们心里早就抛到九霄云外了。可以说，当今中国官员的好色堕落，已经成了社会公害，老百姓翻着白眼看笑话，一旦有点披露即四下流传，谁也无法屏蔽遮掩。

笑贫不笑娼的社会环境，为官员好色成风大开方便之门。曾经出现过“谁富谁光荣，谁穷谁狗熊”，“只有向钱看，才有兴趣干”的有失偏颇的说法，但却迅速成为荒诞不经的引导。大量农村青年涌进城市、大批下岗失业人员要养活自己及家人，而有形无形的物欲横流又引诱他们迫切需要钱财，他们同时看到累了一整天的工人、服务员，月收入只够维持房租和温饱，且随时有失去岗位的危险，而同时在那些个“温柔”乡里，唯一的本钱是年轻、身材和姿色，可以有酒喝、有点心吃，不会跳舞不要紧，只要肯依从男人，一天就可以有几百上千元收入，比起打工既轻松又快活还有钱，于是官员色欲对象的后备军自然就源源不断。那些高级暗娼、情妇、二奶、小蜜都堂而皇之地现身，既然饭局、吻抱、上床、三国都可以商品化，可以变成货币价，官员花几个钱（甚至用公家的钱）便可以乐此不疲也就不在话下了。

好色的男人总是与虚荣的女人勾搭成奸，这是千古定律。看看那些曝光了的贪腐官员的情妇、二奶、小蜜，环肥燕瘦、各有千秋，但本质上几乎都是一根根爬藤似的缠住官员，所谓靠美貌让官员迷死、靠温柔让官员爱死、靠放荡让官员爽死，这一切一切的目的，就是看准了官员可以为她们带来钱财，达到她们梦寐以求的摇身一变成为富姐的目的。

（四）

纳税人供养着一个个地方官员，是希望他们能为这个地方的发展变化做出应有的努力，不光是物质领域出现巨大变化，也应在精神领域带领民众有崇高追求。如果一个地方官员沉迷于好色之旋涡，必然导致贪婪、懈怠，“发展是硬道理”就会成了一句空话。道德面貌渺小的地方，只能是高尚价值的沦丧。意大利诗人但丁早在多年前就指出：“道德常常能填补智慧的缺陷，而智慧却永远填补不了道德的缺陷。”

俗话说：“万恶淫为首。”色胆包天皆靠权力的发酵和膨胀，权力如果关进了无形的制衡的框架里，那种一旦当官便形成自大狂的权力膨胀，就有可能被控制住。只靠自律，寄希望于自觉，实践证明是靠不住的，正如美国作家戈尔·维达尔说的：显达人物（特别是官员）从来不会错过每一次能上电视以及能与女人性交的机会。因此，需要公开监督，官员与公众人物不应当以隐私作借口，拒绝公众监督。须知，公众监督不光是揭丑，更重要的是一种爱护与扼制。因为权力与钱财、性交的关系密不可分，而女人爱向有权势的官员投怀送抱。得克萨斯州奥斯汀分校教授布斯在《欲望的进化》一书中指出："在现今社会，金钱与权力关系密切，女性愿意向位高权重的人献身"，而有权有势的男人容易接受女性的"刺激"。只有在公开的监督中，才有可能把主动献身、投怀送抱之类立即曝光出来，然后予以扼制。

印度大诗人泰戈尔说："当人是兽时，他比兽还坏"，当官员迷恋女色成瘾，当上了色魔淫棍之后，是不可能自觉改弦易辙的。因为人毕竟是"神性与兽性的混合体，人虽然不再是野兽了，但还不是天使"（帕斯卡语）。我们可以欣赏官员平日的气宇轩昂，但是我们决不能轻信官员的任何承诺，当他们"代表组织"颐指气使时我们需要头脑十分清醒，并不能简单地把他们视为圣洁者。对任何官员的监督，必须建立在不信任的基础上，即不相信他就是不变金刚，不相信他不受诱惑。我们需要明白，正因为官员不是天使，绝对不是天使，才需要监督，也许这样才能真正阻止中国官员的好色成淫之歪风邪气的蔓延及整个社会的道德滑坡！

## » 美的变味与倒退

社会上似乎有个约定俗成的看法：选空姐等于选美。然而，不久前，空嫂的出现，以及有的航空公司选空姐已把外貌第一转到内在素质、工作能力第一上来，就对空姐唯外形的选拔标准提出了质疑。其实仔细一想，美本来没有绝对的标准，漂亮的形象固然令人赏心悦目，但是良好的修养、得体的举止、真诚的关怀、暖人的笑容，更能显示一个人美的全貌。

由此想到接连不断、名目繁多的“选美”。据不完全统计，在国内举办的打着世界级或是国内最具规模旗号的选美、模特大赛之类，每年有五十次左右，平均一周开赛一回，什么国际小姐、世模小姐，林林总总好似特卖商店里的打折商品，已经完全引不起人们的关注了。而如今专以美女的外貌、身材及性感之类来促动消费、追求最大商业利益的“美女经济”，却依然来势汹涌，什么香车美女、手机美女、数码美女、房地产美女、化妆品美女、服装美女、珠宝美女、广告美女、保险公司美女、公关美女、商场美女、洁具美女、文秘美女、学生美女、作家美女……

除了公厕尚未有美女作秀外，似乎各个领域都有人在层出不穷地包装出美女来。有人概括说，美女经济正在席卷中国。

爱美、欣赏美、追求美，本来是人的天性，然而，如今的美女经济却导致了美的变味与倒退。

以美女为幌子的经济，抹去了人们心目中对青春靓丽的愉悦与信任。俄国作家契诃夫说：美丽，有引起人的感觉的向往。然而，向往是一回事，当美丽不过是被利润雇用来的一个活道具，是一种引你入彀的法道，要你毫不犹豫地掏钱时，美就变了味。美女一旦含有某种使命或为了达到某种目的，特别是为了可怕的利益时，人们就不会再对其产生美感，而只肯定或否定其目的性。比如，一辆汽车旁边站着个美女，谁会因为欣赏了这个美女而去买这辆汽车？美女的全部美姿不过是为了点缀这辆汽车，成了汽车的附加值（汽车商家按小时给美女的费用，这些费用自然也就进了销售成本），这么个简单的道理谁都明白。美女为了要多挣钱，除了曲线配合汽车之外，还能有多少美感可言？再说，当一种商品用过后达不到美女在广告中说的那种效果时，人们对这个美女还能产生美感吗？

这种以美女为幌子的经济，正在模糊全社会的价值取向。有的老板说，他们在创造、张扬、培育美丽，美女出名，媒体广告收入不菲，主办地点可拉动消费，观众大饱眼福，是皆大欢喜的事。其实在很多老板眼中，美女不过是老板赚钱的商品，“经济”两个字是幌子。社会上出现的以貌取人、美容盛行，甚至把容貌放在第一，凡此种种，正是美女经济所带来的负面影响！

这种以美女为幌子的经济，对青少年是一种可怕的诱蚀。有人认为，无处不在的美女，误导了女性的价值观、成才观、审美观，使有的青少年一味追求外貌并看成是名利双收的捷径，偏离了勤奋努力、提高素质和才能，为社会发展多作贡献的正确方向。早在几十年前，国外有的学者就指出：这种美女经济，对少年和男人培育理性的超脱力与鉴赏力是没有好处的，在这样的环境里，思想的繁荣或情感的成熟，实在是无从谈起……

任何一个国家的经济发展，绝对不是依靠美女的搔首弄姿而带动的。面对一个真正有志气的美女来说，根本不需要靠卖弄曲线来推销自己。对于许许多多总想利用美这个自然资源来实现愿望的女人来说，请记取诗人李白的名句："以色事他人，能得几时好！"千万不要等到花衰色褪时，一事无成，追悔莫及！

## » 百善孝为先

前不久的一条新闻叫人触目惊心：深圳一公务员对父母又打又骂，引起共愤，在市领导批示下（可能慑于压力）才痛哭流涕认错。这让我想起唐代诗人孟郊的那首《游子吟》：“慈母手中线，游子身上衣。临行密密缝，意恐迟迟归。谁言寸草心，报得三春晖。”父母之爱成了一种牵挂，父母之心始终在儿女身上，可是年轻人却并不明白什么叫孝，并未意识到如何去报“三春晖”。宋朝诗人邵雍有感于此，专门写了一首《孝顺歌》：“父母原本树木同，那能免得落秋风。劝君尽力生时养，死后悲啼总是空。”说得真是耐人寻味。

一千五百多年前，南北朝时期的南朝梁武帝说：“父母之恩，云何可报？慈如河海，孝若涓尘。”有些人，虽依赖父母精血孕育而成，却从不明白“柴米油盐酱醋茶”乃人生之必需，仅知道追求“大道之志”，以掌握“琴棋书画诗酒茶”为能事，以雅的一面示人，不太重视一个人的基本素养，不大在乎孝心与孝道。

有些弟子问孔子何为孝？孔子反问一个弟子：“做子女的要

和颜悦色，赡养父母。要努力地为他办事，这算是孝吗？”孔子又问一个弟子：“有人说孝就是尽心奉养自己的老人，可是狗啊、马啊老了都能得到喂养，如果没有对老人的敬重，那跟饲养狗、马有何区别？”（以上均见《论语·为政》篇）。孔子的话大体是说：供父母有吃有喝，还不能就是全孝，对父母和颜悦色，为父母做他们想做而又做不了的事，这也不能算是全孝。那么孔子的全孝标准是什么？简言之，就是对父母要从内心发出敬重，从态度上要对父母顺从，后世孝敬、孝顺二词就是这么来的。

距离孔子时代有两千多年的今天，有相当多的人会认为孔子对孝子的要求太高了，无法达到。因为如今有相当多的人自己吃香喝辣却拒绝赡养双亲，自己住的是宽敞明亮的华室，却让父母寄居昏暗简陋的小屋。父母虽家财万贯，只因年迈体衰，子女却在为争夺遗产而磨刀霍霍。这些令人惊叹的事例一旦曝光，马上会人神共愤、千夫所指，让人意识到不孝还是会受到谴责的。然而，下列现象却并未令全社会引起“不孝”的共鸣：

事业重要，工作离不开，只能顾了自己的小家，而不经常去看望父母；

自己收入低、开支大，因而只能依赖老人，所谓“啃老”；

疾言厉色指责父母不卫生、吃剩菜、太抠门；

嫌父母土气，社会地位低下，不愿让其到自己念书的大学、工作单位来，不愿将其介绍给自己的同事、朋友认识；

争相出国，甚至逼着父母借款或耗尽积蓄让其出国留学或打工，对父母的隔洋思念却漠然视之、弃之不顾。

这类现象虽然让不少父母唉声叹气，然而无论是社会还是老人自身，不会认为是年轻人缺乏孝心，反而认为这是一种正常、出于无奈的现象，见怪不怪。

《诗经》中说：有一颗孝心者常是有德之人，“有孝有德”。中国民间有句话说得简练深刻：“百善孝为先。”不孝何谓善？不孝何谓和谐？不孝，触及的是人的底线。

孔子再三教育弟子，一个人的成长必须要“人则孝，出则悌”。就是对父母要孝，对兄弟要有亲情，要谨慎，遵守信用，用爱亲人之心去爱他人；而在平时则要与有德行的人靠近、亲近，这样才能为社会尽力，成为一个有高尚情操、脱离低级趣味的人。一个人如果跟自己父母都无法相处，跟自己亲人都势若水火，怎么可能期望他（她）能与社会水乳交融，能为国为民献出一切？一个人即使作出再多成绩，创造再多辉煌，也不能忘了父母的养育、教养之恩。

中国历史重现尽孝的传统，古时编撰的“二十四孝”故事，无非是要求人们做到倾心倾力不忘养育之恩，自然无须机械模仿。但是在几十年前，一笔抹杀孝心，把孝心放到封建遗毒中去，以致忤逆成了革命性强的表现，使社会中亲情关系冰封霜冻，则完全违背了人性，导致种种劣根性的张扬，出现了许多不该出现的悲剧。

这样的一页终于翻过去了，否定了阶级斗争，不搞政治运动，大环境有利于人性的复苏，这是一种很重要的在制度上的拨乱反正。

## » 豪奢者难长久

《光明日报》介绍了深圳的余彭年先生，将数十亿财产无偿捐助给国家和社会福利事业，每年将免费医治四万名白内障病人，不禁令人感慨万千。

我并不眼红别人住别墅，坐高级轿车，有高档享受。既然赚到了钱，自然有权利享受，投资公益事业与不投资公益事业，悉听尊便，谁可以指手画脚、说三道四呢？只是有了钱，就用种种办法豪奢，甚至到了匪夷所思、令人心惊的地步，让人觉得这不像是艰难困苦中奋斗致富的人才会产生的思维逻辑，这就难免要让人议论了。谓予不信，试举几例：

北京有位先生花三万六千元去制作一件真丝龙袍；西安某商场展卖一双女靴，用整张蟒蛇皮制成，还镶嵌钻石二百七十八颗，标价九十八万元；北京有的人举办婚礼，耗资上百万元；南京、杭州推出满汉全席，一桌动辄就是多少万；最令人难以想象的是，花几十万元买颗荔枝送给岳母尝鲜，花几十万元去买个桃子给母亲祝寿；还有，吃一只大闸蟹用去十八万元，买一只极品蝴蝶三十六万元，买一只宠物犬要二三十万元；而成都出现的人参宴席一桌要价五百万元，据说用的是千年山参……

在豪奢后面，很明显隐伏着一种阴影。

华夏大地尽管推翻专制皇帝有一百多年了，但是，似乎还残留着一种基因：有的人总希望过一过千千万万民众连想都不敢去想的特殊生活，去享受一番当年皇帝享受过的一切。这一种基因随着条件的改观而翻腾作怪。要不然，为什么有的人那么热衷于皇帝穿过、吃过的东西？为什么那么爱摆只有古往今来的皇帝才会摆的派头？

历史往往有一条自己的规律，现今也不例外：豪奢者难久长，“富不过三代”。有的仅一代就亡；有的第一代打天下，子孙娇生惯养，以致吃喝嫖赌，第二代便垮台。凡豪奢者，因为钱来得太容易，所以毫不珍惜；大凡炫耀于众、挥霍无度者还能久长得了？

真正聪明的富人，平时并不讲究奢华，即使请朋友吃饭，也从实际出发，绝不会菜满满一桌，用高档酒乱灌，非灌醉人不可。有的富豪在请客时，餐毕有剩菜，坚持打包带回家，一点儿也不觉得难为情。他们把节俭作为一种美德。但他们对于公益事业，知道自己的财富取之于社会，理应用之于社会，不惜大把花钱。这么一对比，不能不让人感到：豪奢者，绝非凭自己几十年努力而创下的财富，不过是暴发户一个，自然钱来得容易去得也快，断难长久得了；而知道钱来得艰难，因而总想用在更有用的地方的人，豪奢对他们来说，无异于一种败家行为。

现在国内的富豪，也就是在近二十年内迅速富起来的。他们确实具备了胆识、眼力、不在乎风险的特质，但同时，认真圈点一下，也不能否认的是，这些人利用了国家的尚未配套的政策、结交权贵和“双轨制”形成的价差，迅速致富。可以这么说，这些富豪的变富，相对而言，代价是甚少的。人们对其有一定期待，静观其遵纪守法、公德之态，也就成了一件很自然的事了。

时代大变，富，受人尊敬；富翁，更受人重视。但是富人要让人们从内到外、从一时到永久地敬重和钦佩，还是要像余彭年先生那样，热心于公益事业；而豪奢的结果是：败坏自己的形象，迅速走向腐朽。

## » 一巴掌能拍醒吗?

文科大学生因为读多了小说诗歌，偏于浪漫和幻想，理工科学生似乎更重于理智与冷静，他们主要是与科学——精密的计算分析、冷静的逻辑推理结缘，如果他们去崇拜某个唱了几首歌、演了几部电视剧或是写了点什么东西的人，而且发疯似的追逐这些“星”，我以为这可以看作是智商的滑落。

发这么一个感慨，是因为看到报载南京航空航天大学的一个女学生，崇拜某个电视剧的演员，于是“一连几天徘徊在剧组下榻的饭店门口，才获取了当个群众演员的资格”。这个女大学生说：能远远地看着偶像拍戏也觉得幸福。她见偶像和另一个演员在讨论下一场戏，于是举起相机拍下来，结果偶像旁边的一男一女立即来抢相机，女大学生与他们争执起来，偶像的女助手上来就给她一巴掌。女大学生和身边的女孩吓得哭了。具有讽刺意味的是，偶像一直在原地毫无表情地看着这一幕。事情披露后，这个偶像的助手出来说了几句不疼不痒的话，无非是追星的大学生怎么怎么不对。我估计，势单力薄又是一厢情愿的这个女大学生，大约只好火烧乌龟——肚子里疼，除了白白挨打之外，又能把她的偶像及其打人的助手怎么办呢？

一巴掌能拍醒追星族吗？

很难。即使这位女大学生被拍醒了，还有成千上万的未挨过巴掌者。追星，几乎成了世界性的弥漫于天真幼稚的青少年中的通病。某些星之所以无所顾忌、张狂狰狞，以为世界少了他们就会黯淡，无非是有这些“患病”的追星族在支撑。社会上对那些肯独立思考、决不依傍于什么人的青年往往说是“少年老成”，似有贬义，我却认为，唯其老成并不幼稚，不屑去当追星族之类，比起那些追星而挨巴掌的大学生来，社会上多些少年老成者倒是“一种福音”。

说很难，还因为某些人一夜暴富、一唱成名，甚至一脱成名、写性成名，实在太容易了，相比穷几十年心血钻研、几十年如一日勤恳劳作，未必能出什么成就，社会地位和待遇未必很高者，自然要就易去难，这大约是追星族潜在的思想动机。另外，凡在人年轻幼稚的阶段，虚荣是一种随时出没于心田的激素。望着众人欢呼齐声叫好的火爆场面，怎能压抑得住自己的羡慕与向往？完全淹没理智的劝诫就很自然了，而对待理智的态度又恰恰是检验成熟与否的试金石。

之所以一巴掌拍不醒追星族，还在于某种误导。有些媒体人与撰稿人，如蝇逐臭，整天盯着这帮星们，诸如吃喝拉撒睡、绯闻轶事，津津乐道，添油加醋，吹得神乎其神。“星”，是这类报纸娱乐版及这类撰稿人的衣食父母，离开了星，它们就办不下去，就赚不到人民币。追星族的出现及绵绵不绝，更使他们有了广阔的市场。而一批“星”的助手、保镖、经纪人，全靠星的残羹剩肴过日子，或是与星一荣俱荣、一衰俱衰，或是为虎作伥、甘当狗腿子，有这帮对星是猫之媚、对旁人如狼之残的货色在社会上作祟，更让追星族羡慕星们神仙似的自在。再加上媒体的推波助澜，追星族更是不知所以了。

所以星们吸毒也好、“进去”也好、跳楼也好、自戕也好、火拼也好、离婚也好、结婚也好、婚外有情也好、婚内无情也好，对于有点社会经验的人来说，好比听到厕所内抽水马桶的冲水声一样，不会太当回事的。老实说，现在很少有什么“星”可以让上了点年纪经历过风浪的人顶礼膜拜的，年轻人认为那些“星”十分高大辉煌，那是因为跪在地下自惭形秽。对于阿Q来说，人们是“哀其不幸，怒其不争”；对于追星族，特别是那些为了追星而挨巴掌或受辱的追星族，人们只能是“哀其无用，怒其无聊”了。

## » “富贵是危机”

鲁迅先生有诗曰：“无情未必真豪杰，怜子如何不丈夫。”为人父母者，岂有不钟爱子女的？闲来翻读诗词华章，发觉在对待子女的问题上，从古人留下的诫子之类的文字来看，似要比现代人，特别是担任领导职务的一些现代人更为洒脱，更有卓识。

诸葛孔明的《诫子书》，千古流传。全文才八十六个字：

“夫君子之行，静以修身，俭以养德。非淡泊无以明志，非宁静无以致远。夫学须静也，才须学也，非学无以广才，非志无以成学。淫慢则不能励精，险躁则不能治性。年与时驰，意与日去，遂成枯落，多不接世。悲守穷庐，将复何及！”

你看，修身、立志、养德、广学几大方面的利弊得失都点到了，言简意赅，字字珠玑，语重心长，回味无穷。

南朝有个徐勉，从小孤贫，刻苦攻读，后来成了吏部尚书。他写信给儿子：“吾家世清廉，故常居贫素……薄躬遭逢，遂至今日，尊官厚禄，可谓备之。每念叨窃若斯，岂由才致？仰借先代风范及以福庆，故臻此耳。古人所谓以清白遗子孙，不也厚乎！”他还常对人说：“人遗子孙以财，我遗子孙以清白。”（《梁书·徐勉传》）这些出自肺腑、振聋发聩的话，现在有些钻在钱眼里的干部能讲得出来吗？

最令人钦佩的是南宋大词人辛弃疾的一阕骂儿子的词。已经五十四岁的辛弃疾其时任福建的一个大官，因朝廷昏庸，奸佞乱政，他上疏请求正风气，招募军队，意欲为国家做一番事业，但志不得伸，故想辞官而去，却不料他的打算遭到儿子的极力反对，理由是家里的田地房产还未购置齐全。于是，忍无可忍的大词人选用了南宋词人喜用的最高楼词牌，写了一阕训骂儿子的前无古人、后无来者的词。词前有个“说明”：“吾拟乞归，犬子以田产未置止我，赋此骂之。”全词如下：

“吾衰矣，须富贵何时？
富贵是危机。
暂忘设醴抽身去，未曾得米弃官归。
穆先生，陶县令，是吾师。
待葺个园儿茗‘佚老’，更作个亭儿名‘亦好’。
闲饮酒，醉吟诗。
千年田换八百主，一人口插几张匙？
便休休，更说甚，是与非！”

词中作者用了六七个典故。不过作者却用最通俗易懂的话，概括了他多年生活经验的结晶，并且实践证明是颠扑不破的真理：

“千年田换八百主，一人口插几张匙？”这是妙语也是警句。纵观历朝历代，任何人的天地家产都会易主，所谓富不过三代即是这个理。一家人往往为了遗产纷争，拉下脸来，甚至刀剑相见。辛稼轩从小出生于济南望族，对于社会的这个路数看得深透极了。再说，人生在世，所需有限，一张口能进几匙汤？一睡下能用几间房？贪得再多也属身外之物，要来何用！

“富贵是危机。”危机者，风险也。一旦富贵，各种各样的风险即会袭来，食不知味，寝不得安，日夜紧张，防不胜防，何苦自找这种折磨？另一位大文豪东坡先生早有此感，他在《宿州次韵刘泾》中说：“晚觉文章真小技，早知富贵有危机。”真是英雄所见略同。很明显，为求富利令智昏，为求富以身试法，凡此种种，哪一个不是风险扑面？儿孙贤，留下钱财有何用？儿孙不肖，留下钱财有何用？元代戏剧家关汉卿说得好：“儿孙自有儿孙福，莫为儿孙作远忧。”（《蝴蝶梦·楔子》）明朝名士张文渊，诗文不少却难传世，不料出自肺腑写下的四首绝句却流传了下来，其中有：“低低壁落差差柱，小小厅堂窄窄门。广厦广庭非不爱，欲留约束与儿孙。”“老去不嫌粳米粥，饥来常吃菜馄饨。好菜好饭非不爱，欲留淡薄与儿孙。”“凿开石窦通泉脉，插种梅花入瓦盆。深紫深红非不爱，欲留清白与儿孙。”写出了真正发自内心，又让老百姓叫好的诗文则必定留传，哪怕只有一首二首。

执笔到此，不觉想到如今纷纷落马的官员，动辄捞上几百万、几千万。他们以为自己给儿孙留下了用之不尽的财富，从此则万事大吉，哪里知道自己正好是在加速给自己挖掘坟墓。说到底，能写出诫子篇章的作者，本身必定是一个立得正站得直的堂堂君子。无论是孔明、徐勉还是辛弃疾、郑板桥，正史记载或是野史流传，找不到他们的污迹，这可不是靠伪装或假象能表演得出来的。你要如今那些贪赃枉法的官员，作个“三讲”运动或反腐倡廉的报告，也许气壮如牛，念起来抑扬顿挫，不过你要他在台上威风八面时写篇诫子女“手莫伸，伸手必被捉”之类的文字，可以肯定连一言半句都是抠不出来的。

## » 活物的灵性

世上凡有生命形态的活物，均有灵性。你善待它，就有可能得到它的回报。一旦它遇到不友好的对峙或有生命之虞，便会露出凶相予以反攻，不顾一切，不计后果。

有的地方在地震爆发前，哪怕是半夜三更，家养的狗会满村跑着、吼着，猪也会大声地吼叫，甚至老鼠都要大搬家。邢台大地震前，就有一条狗把全村人叫醒，村民懂得有了异常，迅速离开住房，因而大都得救了，但这条狗却累死了。

或许有人以为，狗、猫、羊、马、猴之类毕竟属于高等级的哺乳动物，比较容易通灵性，而那些低级的活物是例外的吧。不，一样有，而且还不弱。江西新余市一姓吴的农民在自家菜地捕杀了一只猫头鹰，不料他再下菜地时，另外的猫头鹰便飞扑下来猛啄他的头和脸。成都一老人养了只鹦鹉，一次他如厕时起不来，鹦鹉大叫“救命”，旁人迅即把他救起来，老人说这只鹦鹉以前已经救过他两次命了！

据专家说，凡活物都有语言。蜜蜂的语言是它的舞蹈：如果蜜源离蜂巢在九十米以内，就跳圆形舞；超过九十米就跳弯圈舞。萤火虫的一亮一闪，是雄性发出的挑逗语言。老鼠语言“吱吱吱”，表示舒适，惊恐，赶快集合；遇到危险，它便撒尿，尿能发出“危险，快逃！”的信号。至于狗、鸽和马，不光能懂人的部分语言和意图，还可以给人们带来很大的帮助。

唐朝诗人孟郊有诗曰：“兽中有人性，形异遭人隔。人中有兽心，几人能真识。”人是活物中最有灵性的，人所具有的精忠报国、诚信、正义、悔悟、坚贞，是其他活物永远不可能具备的特质；然而，人性中一旦兽性占了上风，出现的那种残暴阴狠、谋财害命、诬陷诽谤，也是其他活物永远不可能具有的品性，往往会给失去警惕的人带来巨大的灾难。恐怖分子制造的事件是这样，为了官位、情欲、钱财翻脸不认人的人也是这样，其他活物哪里会拥有这样的“聪明才智”？

## » 饿死的鹰与剥皮的马

中外不少单位门口喜欢矗立雕塑物：一对坐狮很为普遍，还有铁牛犁田、弯弓射月等类；而俄罗斯甚至在建筑物上留下狼、狐、熊的小型雕塑。美国费城有所学校的门口，竖着一只鹰、一匹马的不锈钢塑品，如按我们通常的理解，那不是告诫学生要像雄鹰一样振翅大展宏图，要像骏马那般奔驰在草原吗！可仔细一看，那是只饿死了的苍鹰，那匹马是被剥了皮的。原来这所学校是在告诉每一个进校的学生，如果学不会基本的觅食本领，即使能凌空翱翔也会饿死；也不要像那匹肥马，先嫌主人要它干活多，换到农夫家又嫌饲料少，再到皮匠家，既不用干活，饲料又多又好，没过多久，吃得又肥又壮，于是皮匠剥了它的皮做了皮制品。

学生时代，属于一个人的“起步走”阶段，美国人并不回避人生必定要遇到若干苦难，明白无误地警示学生，不光要有生存的基本能力，还要明白好吃懒做的结果是早早毁掉自己。

所以，生存成了懂事的首要。而我们却总是在教学生识题、做题、考题，死记硬背课本，为的是拿高分，提高升学率，“高分，高分，成了命根”，甚至能与外国人用外语交流、善于辩论、会弹钢琴、会跳舞、能打球的还可以加分。全校围绕分数转，什么“生存教育”不知丢到哪个旮旯里去了。

要生存就得有基本的生存本领，我们的学生毕业了没人要，而要人单位的活儿又没人会干。有的毕业生宁可待在家“啃老”，电脑玩到手抽筋、睡觉睡到自然醒，也不想去琢磨一番自己如何适应社会，如何才能生存。明朝人陈继儒在《小窗幽记》中说：“片技即足以立天下”，“唯无技之人最苦”，五百多年前的古人尚且知道要有“片技”，“无技最苦”，而我们的学生却从小被浸淫在与生存无关的虚妄之谈中。

而在另一方面，对于好逸恶劳、贪图享受等，我们却又不去实实在在地抵制。人家虽已生活富庶，还用奔马剥皮的预言警示学生，我们却用侍候上级、陪舞献歌赚钱、“找个有钱佬，日子过得好”之类意识，潜移默化融进学生的身心中去，因而学生中屡屡出现伤人杀人、偷窃欺诈、卖淫三陪等丑闻，让人无法不震惊。有人把学校如今的现状归纳为：学生消费白领化、课堂听课梦游化、逃课旷课普遍化、男生痴呆化、恋爱闪电化、素质开始流氓化，恐怕并非是无稽之谈。

在陶醉于学校规模越办越大的同时，教育机构越来越唯利是图、教师越来越像老板、教学质量越来越倒退，饿死的鹰和剥皮的马会不会成为我们的谶物？

## » 文人有些什么心？

学者余秋雨在《历史的脸谱》一书中说："中国文化的跑道上，一直在进行着一场致命的追逐：做事的人在追逐事情，不做事的人在追逐着做事的人。"这是一个十分睿智、沉痛和深刻的概括，活现出了中国文化人半个世纪以来的特征。

美国前总统艾森豪威尔虽是军人出身，鏖战疆场几十年，但他却对文化人有过一个极为精辟的议论："什么叫知识分子？就是你必须要有一个不以此为生的职业，也就是说，你失去这个职业还能活下去的人。"而这几十年中，我们的文化人恰恰是多数离开了职业就无法生活下去的人，于是文化人为了巩固这个职业，在大于自己的官员面前，奴颜婢膝、谄媚胁肩、羞耻心丢尽；在小于自己职位的人面前，张牙舞爪、颐指气使、不可一世；对与自己平肩的人，谣言、中伤、诽谤、告密，"十八般武器"十分精熟，熟到一定火候，良心也就丢失殆尽了。五十多年来，反胡风、反右、反彭德怀、"文化大革命"等运动中，有过这种表现的人，历历在目，而且从不认错，为自己辩解时还振振有辞，令人瞠目结舌。

英国学者托马斯·富勒说得对：“知识使好人更好，使坏人更坏。”另一个学者塞缪尔·约翰逊则说：“有知识而不正直是可怕的。”余秋雨认为：“知识不等同于真理，而我们应该热爱真理。”可是有相当一批文化人，热爱的是官位与权位。于是，知识越丰富他变得越坏，想尽一切办法把对手搞下去，自己好升上去，一旦达不到目的，就千方百计暗算、捣鬼有术，倘混进官场，便得意扬扬，然后再费尽心计谋一个更高更大的官位，而文化人应有的责任心、事业心、正义感都丢得干干净净。这类人就如巴尔扎克所刻画的：“要捞油水又不怕弄脏手，只消事后干净。”

“希腊哲学家坐在爱琴海海边思考人和爱情的关系，印度哲学家思考人和神的关系，中国哲学家坐在黄河边思考人和人的关系。”（余秋雨语）其实，研究人与人的关系，说到底就是思考哪些人对自己有利，哪些人对自己不利，哪些人必须要踩下去，怎么踩下去，怎么利用这些关系使自己达到利益的最大化。

1812年夏天，贝多芬和歌德在温泉城散步，奥地利皇后和亲王迎面过来，歌德忙摘帽恭立路旁，贝多芬旁若无人地继续走着，并对歌德说，让路的应该是他们。他曾在致一位亲王的信中说：“亲王过去有，未来也会有成千上万，可贝多芬只有一个。”像贝多芬这样的一身傲骨，在中国历史上几乎凤毛麟角，在最近五十几年中更是要用显微镜来寻找的。

笔者曾在巴黎对埃菲尔铁塔凝目沉思。当年巴黎为世界博览会欲建一个标志性建筑，向社会征求方案时，出现了100多个方案。桥梁工程师埃菲尔设计的高达300米露空铁塔建筑中标，大作家莫泊桑、大仲马等一批名人并不因政府支持而违心地赞成，他们强烈地反对，这说明文化人之间出现争议并不奇怪，但是，无论赞成还是反对，都是公开的，并不在暗中施放冷枪。待到埃菲尔铁塔建成，成了法国的一个标志时，莫泊桑等人并不因为曾经反对过而视而不见、顽固不化，他们到铁塔高层咖啡馆喝咖啡，并居高临下一边欣赏巴黎的美好风光，一边等于公开证明自己当年的反对并不正确，这种光明磊落的态度与历次运动中整人和“文革”中那么多人犯下打、砸、抢的罪恶而无人敢于公开认错忏悔，是一个鲜明的对比。

真正的文化人是不屑于蝇营狗苟的。有一个外国作家的精神品质在中国文化人中很少见得到：美国1949年诺贝尔文学奖得主福克纳，居住在南方一个小城，埋头读书写作，甘于寂寞，不赶热闹、不爱虚荣，不要发财，更不会在人与人之间关系中钩心斗角，连总统邀请他去白宫赴宴他都直截了当地拒绝了。但他在六十六岁离开人世时，为人类留下十八部长篇小说、九部中短篇小说集和三部诗集。文化人这种事业心才是弥足珍贵的。

## » 小节不小

在北京飞往荷兰阿姆斯特丹的飞机上，我邻座的是一位荷兰的年轻人。飞机上提供饮料用的是一次性的杯子，但他喝完饮料留下杯子，没有像我们那样把杯子拿给空姐作垃圾处理，以后空姐提供饮料时他都是用那只杯子。十一个小时的航程，旅客可以喝五六次咖啡、热茶、橙汁之类的饮料，也就要消耗五六只杯子，但那位荷兰年轻人一直就用这只一次性薄薄塑料壳制成的杯子。快到阿姆斯特丹时，这位年轻人指着机翼下的某一点，自豪地告诉我，在这条运河边有一幢他家的别墅，还有个花园，种有不少郁金香。我想，他至少属于不缺钱的中产阶层，但他在对待一次性杯子这样的小事上，如此节省，让我感慨。

在卢森堡街头漫步，是一种惬意，那整洁的街面、碧绿的树木、华丽的楼房，组成了一种和谐的美。我正在暗暗赞叹时，走来一位穿着讲究的雍容的妇女，手牵着一只活泼的小狗。忽然，那位妇女直朝一根圆形绿色路灯杆走去，杆上有个可开启的盖子，她轻轻把盖子掀开，里面装有暗绿色的塑料袋，她拿出一个塑料袋。那只可爱的小狗正好趴在路灯边拉出一团屎，这个妇女蹲下去，很细心而熟练地捡起狗屎，包好，然后丢进附近的垃圾桶。

我想，卢森堡，以及其他欧洲的不少城市，之所以能够保持街道常年清洁，恐怕是与民众自觉维护市容的整洁卫生分不开的。

在欧洲城市过马路，行人是可以大胆放心的。有好几次，我在人行线上走路，发现行驶着的汽车总在我前方缓缓地减速。我习惯性地停步想让汽车时，车里的司机往往伸出手请我先行，且脸上露出善意的微笑。有时候，我们去旅游的同胞兴致所至，不肯红灯停绿灯行时，一些飞驰而来的汽车也迅速刹车，耐心地等我们的队伍过马路。只有一次我见车上的年轻司机停车时，生气地耸耸肩，推开双手，大叫一声："嗨！"意思是你们中国人不怕汽车轧吗？还有一次，我一个人在一条窄街上溜达，看楼景和广告牌，未注意有车子来往。正巧，一对老年夫妇驾了辆小排量汽车悄悄过来，老男人把车停下，也不按喇叭，在车里笑眯眯地等我过街。开始我尚未发现，等到发觉时，我忙向这对夫妇招手表示歉意。老先生颔首回礼，坐在他边上的银发老太太笑着吻了下老男人脸颊，老先生也回吻了一下老太太。他们见我目不转睛地盯着，都吃吃地笑了起来，一齐向我挥挥手，车子再启动驰离。我目睹这个温馨的场景，像喝了陈年老酒般地心醉，这是多么和谐美好的一幕！

看似生活中的小节，其实蕴含着的教养、真诚、友爱，这一切所构成的人性之美是很大很大的事。我们的社会要走到这一步，恐怕还需要很多年，还得有很多教化工作要做。

## » 一种心灵的救赎

最近，有些在“文革”时斗过老师、检举过亲人、迫害过他人的人，在媒体上公开道歉，表示沉痛的忏悔，令人思绪起落难止。

什么叫忏悔？《现代汉语词典》中解释道：“一，认识了过去的错误或罪过而感觉痛心。二，向神佛表示悔过，请求宽恕。”一个人犯下错误或罪过，固然有时代的烙印，但主观的内在因素才是决定性的。在历次政治运动特别像“文革”那种大的动乱中，几亿人在胡闹，死伤无数，有在众目睽睽下伤天害理的，有结成团伙打砸抢的，有单干独挑耍阴谋的，事过境迁，流动频繁，如今都变成了一本良心账。对于作恶多端、为非作歹之首恶，如“四人帮”及各地的党羽爪牙，已经受到了严肃的处理，得到了应有的报应；相当一批人则毫发无伤、有惊无险、逍遥过关，随着天增岁月人增寿，风雨沧桑经历多了之后，那些良知能跳出阴霾、反思自己有过的罪过或错误，由衷地进行忏悔的这类人并不丢脸，反而由于人格的诚实，能够赢得人们的谅解。

想当年法国作家卢梭在《忏悔录》里坦陈了自己经历的种种，包括一些不雅的往事，但读者并不因此而厌弃他。中国作家巴金在生命之秋撰写的《随想录》，剖析自身，审视历史，无情揭露极“左”的思想行为所带来的荒谬与罪恶，公开而勇敢地袒露自己的人格曾经有过的扭曲，向受过伤害的人、向社会公开认错和道歉，因而十分难能可贵，受到了普遍的敬重。

还有一种忏悔，是基于权力丧失之后，开始感同身受以前给别人的种种责难、诬陷与迫害，终至良心发现，愿意对受过伤害的人道歉并进行真诚的忏悔。周扬原先是文艺界的“一把手”，忠于党、忠于领袖，整过不少人，“文革”中他却成了“反革命两面派”而下狱，这对他的刺激和伤害无以复加，促使他认识到翻手为云、覆手为雨，无中生有的害人整人是多么荒谬和残忍，所以他“解放”之后在大会小会上公开地向受害人道歉，真诚地请求原谅。老作家韦君宜在垂垂老矣时写出了《思痛录》，公开反思了从延安“抢救运动”以来自己如何从一个无知青年到幼稚地“紧跟党走”所表现出的荒诞言行，表明了一个老共产党员的赤诚之心。韦君宜写过不少作品，但这部《思痛录》与巴金的《随想录》成了他俩的代表作，与卢梭的《忏悔录》并列而成为人们精神生活的教科书。

再有一种，是在反思历史的过程中对自己国家的民族犯下的罪行进行忏悔，还历史旧账。最有代表性的是，1990年12月7日联邦德国总理勃兰特冒着寒风来到波兰华沙犹太人死难纪念碑献上花圈，肃穆垂首，然后双膝下跪。当年纳粹法西斯杀害犹太人的罪行，他虽不是当事人，但他代表德国民众表达了歉意的举动，被国际社会赞誉至今。而有的国家在第二次世界大战中犯下了滔天罪行，却死不认错，万般掩盖，在世界人民心中终究留下的是卑劣凶残的形象。无论是个人还是代表国家的忏悔，自然不是向神佛，而是向人民、向子孙、向历史，是一种改恶更新、真诚向善的表达。那种明明干了坏事就是不认账，以一贯正确自居，对罪责一推了之，顽固死硬，其实正说明一种认知上的愚昧和心灵上的僵化！在这一点上，苏共前总书记赫鲁晓夫很有点意思：大权在握时，他批判指责雕塑家涅伊兹特斯内，他下台后为了表示歉意，三次邀请这位雕塑家去他家做客，但雕塑家均拒绝，他去世前对儿子说希望这位雕塑家为他设计墓碑。雕塑家理解赫鲁晓夫的请求是一种忏悔的表现，接受了这个请求，并且费了很大心血设计出三块白色大理石和四块黑色花岗石岩相交叠、再雕塑赫鲁晓夫那硕大的头颅搁在几何体顶座上的墓碑，这座墓碑是说墓主人是个黑白分明、功过皆显的人物，它以其含蓄的思想和精湛的技艺受到广泛好评。

人一旦进入历史，就无法规避历史对罪责的审判。忏悔，是心灵的一种自我救赎，是惊醒后的聪明，否则便是狡诈式的愚蠢，受到无情的唾弃和谴责是必然的，不管你是多大的官，还是多出名的人。

## » “直到今天，我还未跨出过国门”

早在延安时期就参加革命的老干部、今年87岁的齐心同志，在《忆仲勋——纪念习仲勋同志100周年诞辰》一文中有 “直到今天，我还未跨出过国门”的话（见《人民日报》2013年10月18日），看到这里，我不禁感慨万千。

众所周知，与习仲勋携手相伴五十八载，她过得并不安顺。新中国成立后身为国务院副总理夫人，粉碎“四人帮”之后是广东省委书记、中央书记处书记、全国人大常委会副委员长的夫人，她遵循丈夫叮嘱：“工作好，学习好，一切事情都处理好”，从而忘我学习与工作。她在远离北京市的郊区工作，坐公交车、吃大食堂，与家人团聚“只能是周末和节假日，几乎没有随丈夫参加过公务活动”。妻仗夫贵在她身上找不到半点影子。倒是二十世纪六十年代初，丈夫遭受不白之冤、继而被下放降职，“文革”中横遭摧残，她倒“沾了光”，与子女纷纷下放，生活艰辛，还受到“反党分子”家属之类的精神压力，抬不起头，但她坚定地站在丈夫一边，因为她了解自己丈夫对党、对国家、对人民的无限忠诚，是一个坚定的人、大写的人！粉碎“四人帮”之后，丈夫身负重任，她尽心尽力地支持丈夫在广东进行改革开放等一系列前无古人的“探险”的事业，不怕随时会遭到的极“左”势力的倾轧。习仲勋曾高度评价齐心为“优秀的共产党员！”这不光是一个丈夫出于对相濡以沫几十年的妻子的爱和尊重，也是对最亲密战友的一种敬佩之情的由衷流露！而齐心的从未跨出过国门的话，实际上就是工作第一，党的事业第一，决不以权徇私、决不利用势位得利的一种通俗简单的表述，意味着珍惜国家每一分钱，严格要求自己的为民立极，我以为，这恰好旁证了习仲勋对她的高度评价。

出国，跨出国门，如果为了取得先进经验和技术，与国外友人进行交流，自然是必要的。改革开放之后，出国也不算什么太稀罕之事。但是确有许多人把动用公款出国很当一回事：

“这是一种政治待遇”，常听到有些干部理直气壮地为争公款出国摆出这条堂而皇之的理由。是不是有关部门下发过什么文件作出过什么规定？似乎并没见到过，也许有关部门有内部控制，有着不成文的做法，常见一些部门头头轮换着往国外跑，以致让人觉得：“因为他是领导干部，所以他可以有若干次出国，享受政治待遇。”如果并没有这类明文规定，只是某些部门约定俗成的做法，或是某些领导干部的自我设计，那么这类“政治待遇”与“政治特权”有什么区别？老实说，如今在位的领导干部，在为共和国成立所作的贡献、所受的罪、所吃的苦方面均没法与齐心同志相比，你借假名义滥用纳税人的钱出国消遣，于心能安么？

“干部是分级别的，到了一定的级别就会安排出国。” 这又是一种流行的说法。出国去是为了达到什么目的？有的就是图个开眼界、开洋荤，有的游山玩水、吃喝玩乐，倘若一切自费的话，旁人无须置喙；而偏偏自己的钱一元看成百元，拔一毛而利他人我不为也；公家的钱百元看成一元，花起来毫不心痛，以致如今乡镇一级干部都成了出国的主力军。某些干部还有出国口头禅：

港澳台已经兴趣不大，
东南亚自然熟门熟路，
欧洲国家一点也不生疏，
南北美洲那就马马虎虎。

如今“三公”经费开支惊人，大部分就是出国耗费掉的，有的干部美其名曰工作需要，因而飞遍世界，单是拍下的游山玩水、风土人情的照片就出了几本摄影集，公款为其出国、拍照、出摄影集开销巨大，甚至还为其名正言顺地打捞了加倍的名利。

有些干部经常出国有了大的收获，那就是对于世界各地赌场的利弊、优劣了如指掌，如今用公款去赌场参赌而落马之官员为数不少；还有人出去观赏脱衣舞、逛红灯区，甚至嫖娼吸毒，丑态百出。凡此种种，令人愤慨，公款出国的放松，其实是戕害了相当一批干部。

经常出国和从未出国，在当今自然不是判定干部优劣高下的唯一标准。确是工作需要，出国就是必需的；但是面对齐心同志，她的高风亮节是特别值得一议的，值得相当一批干部深思的。

# » 且说“贵人”

若干年前，法国戴高乐总统举行节日团拜会，要求所有工作人员都参加。他还站在门口迎接，感谢他们的辛苦付出。迎候告一段落时，戴高乐发现还缺一位锅炉工，便问秘书：你请他了吗？秘书说，请过了。戴说：那我们再等等他。秘书十分惊讶已七十岁的总统日理万机，居然还记住了一个锅炉工。于是便再去请他，那位正忙着朝锅炉加煤的工人，来不及洗漱换装便赶了过来，戴高乐迎上去，握住他的手，说：“有了你才让我们有了温暖的环境。”锅炉工感动得热泪盈眶，发现总统双手沾上了不少黑煤灰，他忙从口袋里掏出手帕想为之擦拭，戴高乐说：“这是您给我的一个珍贵纪念，您不用擦……”

这则逸事让我自问：何为贵人？

“让一部分人先富起来”，这句话耳熟能详不过三十来年，有人已从赤脚上岸到如今在国内外拥有别墅，买LV包包像买烧饼油条，可见只要找对门道，经营得当，成个富人，并不是太难的事，更何况有些人的致富，其“诀窍”还是不大好告人的。

孔子曰："富与贵，人之所欲也。"不过，富后边的贵，并非轻易能做得到。外国有句话：培养一个贵族，需要三代人的努力。你还真不能不信。南京有个农民，原先生活贫困，因征地拆迁到手了几套房子，卖掉便成了富人，不料迷上吸毒，很快败光进了监狱。大城市郊区不少人靠政府补偿致富后厌弃劳动，沾染上吃喝嫖赌恶习，重陷困境，还真证实了富未必就贵的道理。

成为一个贵人，至少要举止得当，有较高的伦理意识吧！当今国内赴欧洲旅游成风，可许多国外旅馆对中国游客是既喜又惧，于是想出不少对策，如自助餐，原先多国游客在同一时间、同一餐厅享用，如今对中国游客空间隔开，且对供应的煮鸡蛋、牛角面包之类做了数量限制。因为别国游客受不了中国人吃饭像赶集，大声喧哗，目中无人，盘里堆满小山般食物，吃一些其余剩下不忌惮浪费；或堂而皇之毫不忌讳地打包带走，一点儿也不顾及别的同胞游客有没有吃。我有次对服务员表示，让他们再拿点煮鸡蛋、牛角面包，服务员耸耸肩，摊开双手表示，按你们人头发放的，一人一个煮鸡蛋，没有多余备份。

一部分中国旅客付得起五位数的旅费，却在鸡蛋、牛角面包前败下阵来，丢失了尊严。很明显，外国服务员会把你当贵人吗？

何谓贵人？起码一条是充分尊重别人的人格，不论对方是贫是富，是什么身份。前述的戴高乐总统的逸事，在锅炉工、他的秘书及其他人的心目中，肯定是贵人的形象，因为他对人充分尊重，他带给人的是全身心的温暖。

何谓贵人？至少是知书达理、口不出秽言、不蝇营狗苟的人。那些个乱闯红灯、一言不合拔刀相向、醉酒寻衅、开着豪车炫耀、到处争霸纵欲、满身戾气，你除了厌恶之外会认为是高贵者吗？

何谓贵人？从容做事，不争功、不移祸、不谄媚，纵然受了委屈，依然淡定自持，不改本色，心灵不沾一点灰尘。了解这几十年中走过来的人，都会看到在那些形形色色的运动中多种人的丑陋面貌，也可以识别出不少出类拔萃的贵人真相。

那么有权有势，颐指气使者属于贵人吗？他们很想归入，然而很难。改革开放以来，无数厅局级、省部级，甚至薄熙来、周永康之类的高官，锒铛入狱，剥开他们外衣乃是些金玉其外败絮其中的货色，这告诉人们，有权有势未必是高尚的人，位高爵显者与贵人未必能画上等号。平时这些人或许不会像小市民那样去做在公共场合或文物上涂抹“在此一游”之类的蠢事，他们看中在著名的风景名胜处、在报刊或什么故居地题词刻石、附庸风雅，或去捐点没人欣赏的图书杂志、自己题撰的书画、自己推销不了的报告文集之类，自以为会流芳成为高贵一族；然而多数人都能掂量出并心领神会什么是“作秀”，人们会鉴别他们是怎么变成的有权势者，以及一步步走来所作出的“业绩”的。

官员未必是贵人，成为教授、明星、作家之类的人物，便是贵人吗？也未必，在相当一部分人心中，他们受到过教育，把他们当成社会的“良心”，然而，受过教育未必就有教养，成了才，未必成了人。社会的“良心”一样是会被“狗”吃掉的。这只“狗”就是权势、金钱、欲念。我们时常能听到的“叫兽”，什么“饭局价”，“给多少钱给你写报告文学”，有些人摆出个公正面孔，见官员说软话、对平民发蛮话、捞了钱说昧心话，典型的利欲熏心者，这类人与贵人差之十万八千里。

“不义而富且贵，与我如浮云。”孔夫子敢于这么表白，很不一般。汉代王符说：“君子者，非必高位、厚禄、富贵、荣华之谓也。”董仲舒说：“人有义者，虽贫能自乐，无大义者，虽富莫能自存。”富了，未必贵，富而不贵者很难长久“自存”；贵人虽然未富，却能自乐，自乐则能长久。民间有人用两句浅显的话为富贵作了诠释：“心中无缺叫富，被人需要则贵。”这其实是中外同理，千古一律。

# » 旅俄随笔

## 坐火车之奇

在一行行、一排排绿荫的上空划过，高大、浓密的枝叶似乎成了大盖子罩住了大地，让飞机简直无法穿透；飞啊飞啊，终于发现了前边下方平铺着一条灰色的带子，下降、下降，轻巧落地，舷窗外依然闪过喜人而多情的翠绿，面对着座位前小屏幕上直播的飞行实况，我们一颗揪紧的心转为喜悦与放松。

退休之后的人生，多与旅游为伍。这十多年去了国内外不少地方，不过心里总想着有一个国家应该去看看。这个国家就是俄罗斯。

不光是因为莫斯科红场那特有的暗红色的城墙、领导人常上的检阅台、克里姆林宫上那高高标杆上的红星，都曾经是我们这代人梦中的朝圣地；不光是因为从懂事起一直会格外地关注莫斯科发生着的一切，而且如今在那儿依然经常会出现多种议论。对于经历过种种变幻、看过稀奇古怪的雷电风云，凭直觉让自己寻找一些答案也许更能让自己心安理得。仲夏，正是俄罗斯很好的旅游季节，我很快就办妥了出游的手续，虽然费用还是不菲的。

原先头脑里留存的意念是，俄罗斯幅员辽阔，有我们国家两个那么大，人口却只有我国的十分之一。自从叶利钦上台后，据说俄罗斯的国际地位大大跌落，人民生活水平大为下降，买个面包都要排长队的照片曾让我看得惊心。临上飞机时，发觉是俄罗斯航空公司的飞机不免有点心悬，不是报道过掉下了好几架飞机吗！但你已经上了花轿还能不嫁吗？进入座舱，见座位宽敞，经济舱有如此之座位，可能是沾了俄国人大多体魄健壮、块头高大的光吧。黄发、蓝眼的空嫂们服务周到，供应的两顿饭菜口味颇佳，热、冷、甜、酸饮料皆有，要比起别的航空公司来，周到、大方得多。

平稳飞到莫斯科谢列梅捷沃国际机场，一下机觉得机场没有京沪的国际机场气派宏大，导游笑笑说，莫斯科东西南北有四个国际机场，从哪个方向来的飞机，就停在那个方向的机场里，怪不得。汽车行进在莫斯科街道上，蓝天白云之下，车辆密密麻麻，有规有矩有次序地行进，道路两旁一排排绿树笔直，这一路见到的全是绿。导游告诉我们，莫斯科平均每三个人就有一辆小轿车，路上堵车不要惊讶，不过，没见乱插队、乱变道、乱成一团谁都没法动弹的事，正应了最快的速度是持续不停，最坏的结果是堵塞难动，因而并不让人烦躁。地陪导游是中国人，莫斯科大学毕业后在俄罗斯找了份工作，又兼了一个为华人做导游之职。他在行车中告诉我们，他准备生二到三个孩子，因为俄罗斯鼓励生育孩子，每个孩子一出生奖励母亲十万卢布，多生多奖。孩子上学一律免费，教科书还由学校无偿发给，并且免费供给一顿营养充分的午餐。有人问：看病贵吗？导游笑笑说，任何人生了病，便可送医院，诊疗、手术、住院均免费，一律由国家开支，只是药费要收钱，价钱也不贵，他们医院没靠药品来养院。“那要是我们生了病呢？”有人开玩笑问。“一样送医院，一样免费给你治。”导游反问道，“想不想体验一回？”

莫斯科街道整洁，路两旁高楼大厦远没有上海、北京、广州的多，七八层的那种长方形的庞大建筑一排排像卫兵那样站立着受检阅似的。导游点点头说，莫斯科大量建筑是居民住房，人均十八平方米的无偿给个人，十八平方米以上的收点儿钱，房里供应的自来水、热水、暖气均不收费。要知道俄罗斯一年中大半年是寒冬，取暖是要开支不少钱的。

“真的？”我们听了都发出一声赞叹。导游说，俄罗斯领导人把对弱势群体的关怀看成执政文明的体现，把民生问题当成政治问题来对待。

当我们陆续住进了三星级的宾馆之后，我对导游的话产生了某种质疑。因为我们客人的房间里不供应开水，也没有开水壶让旅客自己烧水。电视机是12英寸的，八十年代我们家里用过的那种，如今我们城市里的电视机皆是彩色的大屏幕数字电视呢！最令我奇怪的是，俄罗斯最大的两个城市莫斯科与圣彼得堡之间七百多公里的火车，仍是我国已经少见的绿皮列车。他们没有高铁和动车。莫斯科有七个火车站，到圣彼得堡的就叫圣彼得堡火车站，到基辅去的就有莫斯科基辅火车站，火车站里没有候车室、不需要检票，导游把我们旅行团直接领到月台上火车边，然后由列车员匆匆看一眼前边两个旅客的护照，点点头挥手让我们全上了车。发车并不准时，说22点开，领队到22：30才领我们到月台上，把我们许多人急得头上冒汗，生怕误点。上车后却说23点开车，实际上又过了十分钟列车才缓缓启动。据说俄罗斯人出远门坐飞机，去别的城市就自己开车，坐火车的人越来越少，所以铁路事业似乎在萎缩。

我们坐的是软卧，四个人一个包厢。领队事先打了招呼，每个包房需要一百卢布给列车员作小费，开始我们不解，这在中国是闻所未闻的事。领队反复耐心地规劝说，火车需行驶九个小时，这期间你们要不要喝开水？要不要上厕所？想不想洗把脸？小费给了，就给自己行了方便；小费不给，如果厕所门打不开、开水房紧锁着，大伙怎么办？入乡应随俗，好在也不多，每人不过合到五元人民币，何苦这么较真呢？大家这么一想就按领队说的办。列车员是一个丰满的中年俄罗斯女人，穿着深灰色制服，默默地并不掩饰地接过卢布，朝我们友善地看了一眼，就进了自己的小房间。

见列车员不在，领队又说了让我们吃惊的事：每个包厢里，下铺床底下有个大铁箱，焊住了无法移动，床铺成了盖，掀起床铺可以把贵重物品如护照、钱财、照相机之类放进去，这就等于放进了保险箱。原先导游、领队一再打招呼提醒我们，切切当心财物安全，小偷还是十分猖獗的，肩背包放胸前，口袋里少放钱。坐夜火车睡觉时睁只眼，小偷会有办法进包厢施展窃法，包厢门要几道锁齐用，如有一人上厕所，其他人也得把门锁锁上，待他回来再开锁……我想把所有东西都放进这大铁箱里，人睡在床铺上，想动铁箱的物品，先得把人掀翻，再好睡的人也会惊醒，小偷焉能得逞？于是夜防小偷成了我们的笑谈。

说是小偷很多很猖狂，这一点我是相信的，因为俄罗斯官方曾宣布，以色列大使馆官员在大街上遭窃，似乎并没有追回失物。领队告诉我们，中国游客被窃照相机、护照、钱财的事常有发生，所以小心一些应该是没错的。

第二天早上，火车准点到圣彼得堡。这一夜小偷未见到，列车员也没见到。临到快下火车时，列车员到每个包房赠送客人一袋袋泡红茶，让我们中国游客尝一尝俄罗斯红茶的美味，然后微笑着道了一声：“再见！”

## “雕塑公园”

仲夏是莫斯科不冷不热的好时光，有太阳光直晒而不炙人，陡然又会下一阵狂雨而不淤塞。

去看新圣女公墓，是我来莫斯科的一大愿望。老伴不解地问，你怎么要看公墓？而且愿意掏一百五十元人民币参加这个旅游的自费项目？我说：去过后就明白了，这钱花得是很值得的。

导游夸新圣女公墓为“雕塑公园”。它建于十六世纪，当年由于葬在著名的新圣母修道院里的名人太多，1898年就在旁侧建了这座公墓。一百多年中，公墓中安眠了二万七千多位对俄罗斯历史发展进程起过推动作用的精英，有声势烜赫的大人物，也有平凡职业的民众；有男有女，有老有小；但并不是谁出点钱就可以下葬于此，每一个入土的人都对俄罗斯的政治、军事、文学、艺术有着杰出贡献，值得后人敬仰，因而每个人的墓前均有一两尊雕塑，或头像或全身，有的一人之高，有的高达三米。雕像艺术家把墓主的灵魂和雕塑艺术进行了巧妙而高超的糅合，形成了独有的俄罗斯的骄傲。在柔和的阳光映衬下，一片片葱绿浓翠、优雅景色中，一尊尊雕塑在眼前闪光。这时，入耳的是鸟雀声喧，入眼的是每一尊雕塑面前的照片，入脑的是一个个精彩的故事。

从十七岁到二十五岁一直在红军服役的尤里，喜欢表演幽默的节目，战后报考戏剧学院没被录取，好几家戏剧团体也对他关上大门，认为他缺乏演戏天赋。在他灰心失意时，一家马戏团接受了他，让他当上了小丑演员。为了刻苦磨炼，他终身不娶，把小丑演艺作为终身追求。最后他惟妙惟肖的演技得到世人公认，并被推选为驰名国内外的莫斯科大马戏团的团长。他一辈子唯一相伴的是一只爱犬，他去世后，爱犬不吃不喝，几天后随主人而去。如今他戴着小丑帽、手指夹着香烟、微笑着的坐雕旁边是狗趴卧着的雕像，旁边是他一手撑腰站立、一手搁在墙上的立雕，三尊雕像吸引住了我的眼球。

1941年法西斯德国包围莫斯科，在保卫首都的战斗中，牺牲了不少将士，其中有位二十九岁的空军飞行员在受伤后驾驶飞机冲向敌营而献身，有位十九岁的战士在冲锋中壮烈阵亡，有位三十九岁的少将指挥员在突围时牺牲，他们三位并列的雕像让人肃然起敬。

苏共前总书记赫鲁晓夫的墓碑，要不是有人介绍，很容易让人忽略，因为夹杂在众多墓碑中既不突出又不巍峨。但是，因为这个历史人物的一生有人痛恨、有人喜爱，所以雕塑家是颇费了一番心血的，因而别出心裁：一共选用了七块方形大石块，左边是三块白色的大理石相交叠，右边用四块黑色的方形花岗石相交叉，再把主人的秃头雕像搁在这黑白几何体的把座上。这个构思无非是说，墓主人是个黑白分明、功过皆显的人物。设计这个墓雕的艺术家叫涅伊兹维斯内，在二十世纪六十年代他的作品曾被赫鲁晓夫指责过，并因而受到公开批判。赫鲁晓夫下台后，可能后悔自己的粗暴给人带来的灾难，为了表示歉意，特地邀请曾被他批判过的文艺界人士去他家做客，包括涅伊兹维斯内。但这位雕塑家严词拒绝，邀请三次拒绝三次。赫鲁晓夫去世后，他的儿子找到这个雕塑家，请他设计墓碑，并说这是赫鲁晓夫的遗愿。雕塑家于是接受了这个任务。当然，对于评价赫鲁晓夫，俄国人要比其他国家的人群更有发言权、也更靠点谱。而苏联在十月革命成功以后的岁月中，因为党内持有不同政见而招致杀戮、关进集中营、流放无人区的居然达到两千万人之多，不少老革命家、老红军将帅、开国元勋被随意扣上反党、叛国罪名而遭杀害。赫鲁晓夫勇敢地揭露斯大林统治时期的专制独裁、滥杀无辜与个人崇拜的丑恶现象，这大概是雕塑家认为的“功”。对这么一个极为复杂的历史人物，雕塑家创作出这个墓雕，确实出手不凡，赫鲁晓夫请他出马，眼光很准。

墓区中央一条宽阔的道路旁辟出一小块空地，苏联解体后俄罗斯第一任总统叶利钦长眠于此。他的墓碑为飘扬的三色俄罗斯国旗雕像：由中国产的白色大理石、意大利产的蓝色马赛克、巴西产的红色斑岩组成的三色雕石上，刻有叶利钦的名字和生卒年月。没有墓主人立式或头部的雕像。有人认为这个墓碑象征着叶利钦是苏联道路终结者，也是恢复俄罗斯利益的领路人。

第一个进入这个静谧的地下宫殿的作家，是俄国批判现实主义杰出代表、短篇小说大师契科夫，之后是果戈理、普希金、马雅可夫斯基、阿·托尔斯泰、奥斯特洛夫斯基，作曲家肖斯塔科维奇、芭蕾舞艺术家乌兰诺娃、女英雄卓娅，他们仿佛在向着前来瞻仰的各种肤色的人们行着注目礼。特别是法捷耶夫，写过《毁灭》和《青年近卫军》的著名作家，他昂起头颅，在一批他所歌颂的反法西斯的地下共青团员簇拥下举目远眺，给我留下难忘的印象。他才华横溢，但无法尽情施展。他是共产党员，对斯大林虔诚到了迷信的程度，他认为是斯大林让他担任作协“一把手”，他就时刻以一个忠诚的党员的组织性、纪律性要求自己，绝对服从斯大林的指示，甚至于与克格勃合作把一些知识分子送去劳改，至于批判谁、谴责谁，都听上级的指令，尽管内心里他又并不同意这样的批判与谴责。双重人格的生活使他很难写出真正的力作。斯大林去世后，苏联社会揭露了个人崇拜和斯大林的罪恶，法捷耶夫无法接受，加上许多作家纷纷指责他为虎作伥，使他有苦难言、有口难开，于是终日借酒浇愁，不久开枪自杀，年仅五十五岁。死前他写了遗书：“我终身为之献身的艺术已被自负而又无知的党的领导人所扼杀，现已无法挽救……作为作家，我的生命已失去任何意义。在生活中我遇到的是卑鄙、谎言、欺骗与诽谤，因此我犹如从邪恶中渴望得到解脱那样乐于结束人生。”我在他的墓碑下沉吟良久，六十年前读《青年近卫军》曾经热血沸腾，冲动不止；而如今我的热血依然沸腾，但面对着他的灵魂，冷静而理智。

有人把这里称为“新圣女公墓”，导游称为“雕塑公园”，我以为这里是一座艺术宫殿，这里的每一尊雕像都在诉说一个人的成就、经验与不足，都栩栩如生地凝聚着人性的光泽、记录着逝去的岁月的沧桑，都在诉说着一个民族不朽的功绩。

## 遭拒及回味

早就听闻在莫斯科购买食品和水果可能困难一点，所以在阿尔巴特大街自由活动时，我便走进一家超市想看看到底困难到什么程度。莫斯科水果来自世界各地，加上进口关税，价格可能会很高。于是，我先到水果柜台，真是五光十色、琳琅满目，多国珍果应有尽有，让我为之一震。我挑了四个拳头大的红苹果、四根长香蕉和几根水果黄瓜，一共付了折合人民币约二十七元。奶酪、鱼子酱、多种面包及香肠区域，货源充足，我也选购了些。对比之下，东西一点儿也不比国内贵，有的还要便宜些。我想，有些传言真的不可信，那些发布传言的人或机关，掌握的信息可能太陈旧了。

在圣彼得堡碰到两件事，让我体会到俄罗斯人特有的思维和感情与中国人的大相径庭。女沙皇叶卡捷琳娜的宫殿平时对外开放，要进宫参观得买门票，一人收人民币六百元，不想进宫的只能在宫殿外的女沙皇花园里游荡。那天我们几个想进宫去，先被告知得等两个小时，因为宫门外有不少俄罗斯老人在排队等参观，他们进去之后外国游客才能进。我们便在宫外花园里溜达，远望波罗的海滚滚波涛、舰船往来不绝，近看大大小小喷泉吐珠、花木修整齐崭、草地碧透如茵。两个小时过后，俄罗斯老人依然有不少还在排队等待，我们被正式告知：今天不能进去参观了，买了的门票可以退掉。原来为了接待本国公民的免费参观，他们宁可拒绝可以收费的外国客人，决不因为可以赚上一笔钱让外国人先进去而开罪本国公众，或让买票的外国人优先参观。这种民族主义，本国民众利益高于一切、钱财收入不屑一顾的做法，说实话让我由衷慨叹不已！当时虽然没能参观到女沙皇宫殿，不免有些遗憾，可是我却又从心灵深处吮吸到了一种钙质营养，这实在是一种意外的、难得的、别的地方不大碰得到的补偿。

圣彼得堡有一个艺术广场，最显著的中心地标是耸立着的诗人普希金的雕像，诗人那高昂不屈的头颅，眼睛里喷射着怒火，仿佛是吸人的一团磁石。我们都知道，沙皇尼古拉一世垂涎诗人美貌的妻子，采取了种种卑劣的手法，其中教唆御前军官丹特斯与天真烂漫的诗人决斗是一策。天真的普希金中计而遭枪杀，年仅三十七岁。普希金没有想到，他的逝去让民众震惊，陷入了十分伤心的悲痛中，“俄罗斯的心不会把你遗忘”，他们都知道失去的是国之瑰宝，成千上万的人涌向普希金的住地，向他作最后的道别。沙皇尼古拉一世害怕民众自发悼念会形成淹没自己的怒潮，于是又派人秘密地把诗人埋葬，让民众无法见到诗人离开世界的最后一幕。可是诗人的灵魂在俄罗斯并不因肉体的消失而消亡，一直到如今，俄罗斯人民谈起普希金便引以为豪，而那个沙皇、那个御前军官却受到无尽的诅咒。俄罗斯人民对皇权的高度鄙视，对统治者罪恶的认知，似乎要比受儒家文化传统的国人明朗、透彻、干脆得多。你只要翻开一部中国历史，因皇帝迫害而获罪遭杀戮的诗人、作家、文化俊彦何其之多！可是人们除了深深同情这些受害者之外，什么时候因此而谴责过这些皇帝，或是让皇帝销声匿迹、让受害人扬眉吐气？反而动不动用这些皇帝的文治武功、“动机是好的”、“开辟了新的天地”、“一代明君”等理由，为之辩解、评功摆好。以至于在二十一世纪的今天，电视里皇帝后宫戏畅行无阻，社会上的权斗诡谲之类成了生活教科书。这大概是滤去正直和正义后所出现的一种畸胎。

离开俄罗斯时，我望着白云如絮、天蓝如染的碧空，望着绿毯似的大地、白练一般静躺着的河流，觉得这一趟没有白走，来得很值，性价比很高！

## » 不算成功的人生

股神巴菲特说：衡量人生是否成功的真正标准，是看你希望爱你的人到底有多少真正爱你。人生在世，总希望存在若干个爱自己的朋友。人活到一定的岁数方始明白，朋友不在于多，而在于真。其实老汉我从工作开始到退休时，伸出指头一算，有的人一开始甜如甘醴，后来形同陌路；原先一日不见如隔三秋，后来成了无话可说的生人。在历练了一番人生之后，这并不值得惊讶。特别是在文人之间，有没有真朋友，当面背后是不是一个样对你，从一些小事上便可以看出端倪。

去年的一天，朋友告诉我："在网上有你的签名本卖。"我不信，朋友说出了书名、出版社名，说得我愣了好一会。那是一本杂文集，发行面不广、印数并不多，且是多年前出版的。好奇心驱使，于是就买了回来，出的价比原书价高两倍。书仍是新的，看得出并未被翻阅过，扉页上确有我签名，并附言批评指正之类。我赠书的这位朋友是一家报纸副刊编辑，发过我的多篇稿子，见面时交谈颇欢。面对自己购回的签名本，仿佛胸中塞进了泥团般憋闷：出本书不容易啊，可是别人当废纸处理掉了呢！倘若质差文浅，为何又要发我的稿子而不当面指教？百思难解，只能感叹一声，这不应该是朋友之举啊。

不曾想，前几天，女儿在网上又看到有我签名本出售的消息。原来是二十年前由北京一家出版社出版的报告文学集子，书价五元一角元，网上要价三十元另加邮费五元。女儿自作主张替我买了下来。打开一看，我好像当胸挨了一拳，目瞪口呆。

五十年前，我们在大学里都是文学小组成员，经常一起谈古论今，十分投机。那年无意中在上海邂逅，我们均已人到中年且已成家，一起喝了杯咖啡，他告诉我半年在国内、半年在国外陪孩子，日子过得很惬意。我刚好出版了这本报告文学集，便签名赠与，所谓秀才人情纸半张，他“啃”地赞叹一声，说：“当年文学小组成员至今仍靠笔杆子吃饭的大概就剩下你了。”我点点头，还臭美地回答：“这叫矢志不渝啊。”他笑着说：“祝贺你取得了成就，再出书的话一定要寄给我！”想不到这本签名本，如今“完璧归赵”回到了我的手上，书依然是新的，没有被翻动过的痕迹，我在摩挲中隐隐觉出一股寒意……

突然，我想到，去年出版了一本长篇历史小说，我自购两百本签了名，分赠亲朋好友。可以肯定的是，不用多久我又可以在网上看到有自己的签名本出售了。不过我暗自决定，再也不去买回自己的签名本，花钱去增添难言的羞愧与难解的懊恼。

一个文人，别以为出了几本书就成功了，至少衡量我的人生，是不大算成功的。

# » “每天十个小时的学习思考”

徐迅雷先生六月下旬赠我《这个世界的魂》、《让思想醒着》两本著作，共计七十八万字。前者披露了九十多位中外名人的灵魂的真实一面，反映了震烁古今的一种理性及供人反复咂味的思想。后者选取二百四十四篇发表在报刊上的时评，凸显对于已经过去了的生活的评价，为今人与后人留下真实的值得珍惜的历史一页。

我花了两个多月的时间才陆陆续续读完这两本书，最突出的感觉就是徐迅雷有不少非同寻常之处，值得提出来与众共飨。今年四十五岁的徐迅雷，在三十三岁时已经成了一个乡镇的党委书记，且官运顺畅。这样良好的开端别人正是求之不得的，但他却弃之如敝屣，辞官来到杭州的一家报社，从见习记者干起，不过十二年光景，成了这家报社的首席评论员，并且出版了三本共计百万字的著作。为什么有如此出色的成绩？且听他自述：“我在杭州十二年，从未泡过一次酒吧，从未洗过一次足浴，一年见不到两次西湖，从来没有玩过电脑游戏之类的娱乐。通常情况下，每天以十个小时的学习、思考、积累来支撑两小时的写作……”他的新闻工龄在新闻界真不算长，但他写出来的成绩是许多有二十年、三十年工龄的人都望尘莫及的。因为很少有人能像他这么刻苦学习、严格要求自己。是呵，大凡能做出些成就来的人，几乎都是对自己要求严格、惜时如金的。记得鲁迅先生就针对别人夸他是天才时，回答道：哪里有什么天才！我是把别人喝咖啡的时间都用在写作上了。

作为都市报每天要写一篇时评的首席评论员，徐迅雷时时接触到大大小小许多内容，他总是抓住可以揭示思想灵魂、挖透事物深处精华的部分，予以鞭辟入里的分析，挥斥方遒。比如，他介绍两百五十年前的伏尔泰为一件冤案的不折不挠、拍案而起的事实之后，挑明了一点：“思想的伏尔泰是智慧的，行动的伏尔泰是善良的；思想的伏尔泰是高贵的，行动的伏尔泰是伟岸的。上天绝不帮助坐而不动的人。行动是自信心的伟大的缔造者。”又如他在叙述爱因斯坦的非同寻常时指出，他不仅是当代最伟大的物理学家，而且也是一位思想家，爱因斯坦说：“国家是为人而设立的，而人不是为国家而生存。”“强迫的专制制度很快会腐化堕落，因为暴力所招引来的总是一些品德低劣的人，而我相信，天才的暴君总是由无赖来继承。”这些深刻的言论，不是关在实验室里总结得出来的，这让我们看到了真正伟大的科学家的另一面。徐迅雷还特别向读者推介了引起他共鸣的爱因斯坦的名言：“没有独立思考和独立判断的有创造性的人，社会的向上发展是不可想象的。”

从徐迅雷为自己起的书名，我们可以意识到，他注重的是这个世界的魂——思想，唤醒众生而不能再去蒙昧众生，因为任何欺蒙都是一种欺骗与犯罪；要让思想醒着，因为有了思想，站起来当家做主的人才是真正意义上的站立着的人，而不是跪在地上称别人长得高，或是跪在地上自卑地仰头羡慕别人。所以，法国帕斯卡的一番话足以引起世人的共鸣：“人只不过是一根苇草，是自然界最脆弱的东西。但他是一根能思想的苇草。我的全部尊严就在于思想，能思想的苇草——我应该追求自己的尊严，有了思想便有了一切，有了整个宇宙。”

## »　“张贤亮很孤独，没有朋友”析

在这个世界上，一个人的形象往往取决于独特的个性，其价值常常是成为与众不同的自己。

著名作家张贤亮的去世，引发了我在报刊和网络上尽量多地阅读别人写他的回忆、追悼、评价之类的文章。很奇怪，我发觉与张贤亮十分亲近的人都提到了一点：“张贤亮很孤独，因为他没有朋友。”有位宁夏文联领导说，没有听说张贤亮有特别好的朋友，自己作为后辈，与张贤亮的往来是工作上的。有位曾是宁夏文联的领导说，与张贤亮相识多年，共事多年，他确实没有特别亲近的朋友，他很孤独，后辈和年轻人不可能和他亲近，外出参加活动他也不爱游玩景点，更多时喜静不喜动、喜静不喜闹。比张贤亮小一岁的作家马知遥曾患癌症，张贤亮得知后安排最好的医院和医生为他治疗，病愈后还托人带给他一千元做营养费。马知遥认为张贤亮在文学上卓有建树，引领扶植了宁夏文坛一批作家，西部影视城运作颇具规模，且运作良好……但马知遥认为他没有朋友，他们原来很要好，后来在有些事的认识上产生了分歧，就疏远了，仅过年过节才在电话里交流寒暄一下。

引出张贤亮这些朋友、同事的话之后，让我想起一些过来人的经验之谈：有熟人不一定是有友谊，有婚姻不一定是有爱情，有家庭不一定是有温暖，有豪宅不一定是有幸福……

然而，在银川举行的张贤亮追悼会上，有一千五百多人到场，四百多个花圈摆满了告别厅，其中多数人是自发前往的。这又使我对他的“没有朋友”一说产生了疑惑。

张贤亮从2010年开始，每年捐出一百五十万到一百八十万元救助宁夏无力承担高额医疗费用的贫困患者。去世前几天他还对儿子说，要设立一个救助基金继续救助行动，影视城门票的收入去除各种成本后能全捐就全捐出来，还要支持宁夏的艺术、教育等公益活动。

宁夏的作家出书要他写序，他从不拒绝。他对宁夏文学界出力甚多，还出钱设立了“镇北堡西部影视城文艺奖”，奖励获全国文艺奖的宁夏回族自治区各协会的人。银川市文联主席郭文斌说，自己是与张贤亮往来较多的文坛后辈，较多共鸣主要是在传统文化以及灵魂、精神方面。郭文斌研究传统文化，张请他给影视城职工讲一讲，还给了他两千元讲课费，怕郭不受，推托说是对郭研究传统文化的奖励。

对于聘用的员工，他没有那种盛气凌人的老板架子。他得病后不出门见人，还写了封公开信告诉员工：“闭门谢客是因为身体皮肤起了很多斑点，我一贯在意仪表，等我恢复好，再与大家谈笑风生。”

中国作协副主席高洪波说，张贤亮很重情义，有一颗童心，喜欢热闹，好交际。人经历比较大的磨难之后，很多交情看得比较淡，也比较透。但他率真，兴趣广泛，说话也犀利、精确，有预见性，很多人都非常愿意听他讲话。作家们聚会，他总是主动埋单，愿意请客。

笔者曾把“张贤亮没有朋友”一说征询南通老作家、在二十世纪八十年代曾经采访过张贤亮的祖丁远先生，他断然否定说，张贤亮朋友遍布北京、上海、西北大地，他乐于助人、出手大方，文学又好，走到哪里都有一批人相迎相随，大家嬉笑丛生、快活透顶，怎么说他没有朋友?

很显然，我以为，对于“朋友”的内涵，出现了迥然不同的理解。

最为国人暗中推崇的就是“桃园三结义”式的结盟，有一个圈子，所谓“不能同年同月同日生，但愿同年同月同日死”，所谓“士为知己者死”、义字当头，等等。

还有一种人推崇的是“君子之交淡如水”、“文人宜散不宜聚”、“道不同不相与谋”的交往方式。他们颇有清高的自尊、精神上的高傲，不屑于蝇营狗苟，而是“外不殊俗，内不失正”，有一种贵族气质，他们了解历史和世道人心，也明白自己的位置和局限，既追求事业上的成功，以显示高标独秀，又乐于关注社会、温恤助人，并守住心灵的准则。这类人我行我素、不怕孤独、不随俗流，又能施惠无念、受恩不忘。

张贤亮一过世，人们发自真心对他哀悼，不少悼文情深意切，感人至深，有的人甚至守在他的灵堂里几天几夜，哭得眼睛红肿，不是知己做不到这一点。

回顾张贤亮走过来的人生之路，他没有也不大可能有刘关张式的“刎颈之交”，他也许比别人对世间各态更加冷静，格外“冷眼向洋看世界”，更愿意放下心来，潜心思索，挥毫泼墨，无人干扰，从容自在，以他熟读《资本论》和几十年“人下人”的生活体验，他太明白真实生活中特别是在市场经济大潮中，那种“人不为己天诛地灭”般的“友情”，那种“他人即是地狱”式的提防。

张贤亮自己说，我觉得我最大的财富，是我比一般人拥有更多的人生感受和经历，我感谢命运或者是上帝给了我这么一个丰富的人生经历，我死而无憾。

有人给病中的张贤亮发了“相由心生、境由心造”的短信，他马上给了回复：“无心何来相，无心何来境，无生无灭，四大皆空，方为欢喜。”他已经摆脱了世俗的羁绊，超脱了常人的心态，他甘苦自知，并做了了断。他将荒芜的地貌变成了滚动的财富，他把荒唐的年代印成了滚烫的文字。他以堂堂的仪表、生动的小说、有创意的影视城、潇洒的后半生走进了天堂。

张贤亮的儿子张公辅说得好：父亲是一个战士，父亲的敌人是平庸。

## » 珍贵的启示

鲁迅先生对青年人说过：“只要一坚忍，二认真，三韧长”，总会做得出成绩来的。“坚忍、认真、韧长”虽只是简单的六个字，对我们青年人来说，却是一个极其珍贵的启示。

“坚忍”，就是在艰难困苦甚至遭受巨大打击的情况下，能挺得住，绝不向困难低头的品格，这是盖房的基石、成功的根本。在这方面可以成为青年人表率的事例可太多了。放射性元素的发现者居里夫人，青年时生活极为困苦，冬天睡在阁楼上实在太冷，便把所有的衣服穿在身上睡觉，有时还把长椅子压在被子上，抗御严寒。天刚亮，她就带两片面包上图书馆去啃书本了。结婚后，她仍然生活困难，工作条件十分简陋。有一位朋友参观了她的实验室后说：看那景象，竟是一所既类似马厩，又宛若马铃薯窖的屋子。后来，她丈夫居里不幸遇难，她伤心至极，但想到刚从几吨铀矿残余物中提炼出只有几毫克的纯镭，急需继续深入研究时，她克制住自己的悲伤，继续试验下去，终于在丈夫遇难4年后完成了《放射性专论》的巨著，成为世界上最有成就的科学家之一。由此可见，坚忍对于有志于事业的人来说，是何等重要。

“认真”，就是说青年人在成长过程中，切忌浅尝辄止、贪图虚名、浮夸轻心。爱迪生在试制灯泡的过程中，单是为了寻求最理想的电导线，曾一丝不苟地试验了六千种以上的植物纤维，才找到了较为理想的竹丝，不久他又发现了钨丝，对灯泡又进行了更好的改进。正因为有这样的认真态度，爱迪生才为人类创造发明了大大小小一千五百多件东西，对世界物质文明作出了宝贵的贡献。

“韧长”，就是说干什么就要干到底，天天如此，矢志不移。那种一曝十寒、三心二意是很难成功的。这里有几个统计数字颇发人深省：

马克思写成《资本论》用去四十年；

歌德写成《浮士德》用去五十八年；

王充的《论衡》整整写了三十年；

达尔文研究物种起源整整二十七年；

李时珍写成《本草纲目》用了三十年……

从这些平凡的数字中，我们正可以看到不达目的决不休止的韧长精神的光辉！

当你选定了你的目标而努力跨步时，请记住鲁迅先生这一珍贵的启示。

## » 老与尊之间

“老”与“尊”之间并不存在必然。说老人是宝，不知始于何时，无非是年岁之积累，经验教训多了，可以给中青年以为“鉴”，避免一些错失。所以尊重老人、敬重老人，成了社会生活中的约定俗成。

如今城市里年过七十，游公园、坐公交皆免费；年过八十，国家会给予生活补贴；离休人员不消说，退休者这些年已增加了多次养老费。在农村，对于一些老人特别是鳏寡孤独者也有了不少形式上的看顾与安顿，虐待老人、漠视老人权益者，与“冒天下之大不韪”有几分相近。

不过，我近来常为了老人的一些举止言行而暗自羞愧。有些“回忆录”，如果只看单本，还真受感动，如果几本联系起来看，就会扑朔迷离，因为同一历史事实互相叙述南辕北辙；芝麻绿豆般的纠葛耿耿于怀，借机泄私愤。还有一些老人曾蒙受冤屈，遭遇灭顶之灾时感谢有人不惜自身安危仗义执言、挺身而出，但当落实政策，扫清不实之词重新扬眉吐气不久，整别人之瘾发作了，不惜把别人往绝路上逼而不眨眼。这时，我总觉得，活到七老八十，跌跌爬爬、上上下下，为什么不肯将心比心、痛定思痛，要留下一幕不堪？ 年纪一把，两鬓霜白，生理功能衰退，人们见惯不怪，只是良知被泯灭却能令人惊讶得合不拢嘴。那些腐败的将军、官员，那些教授、明星，有的已有了孙辈，可是搞年轻女人、贪珍宝钱财，干出十分龌龊的勾当，导致全社会道德意识大倒退。真正是为老不尊呐！ 公交车上，年轻人为老人让座，本是一种谦让，碰到不让者，老人也无须计较，可是有位老汉竟坐到女孩大腿上去强行抢座，有的老人倚老卖老动手打人，“为老不尊”之声在车厢里此起彼伏，真让人难受。

一个行将就木的人，本来叫人怜悯，偏偏品行不端、两面性格、刚愎自用、唯我独尊，陷进权欲、情欲、物欲内不能自拔，出乖露丑，窘态毕现，不以为羞，神经麻木，在家中肯定把家人引向纷乱，在社会不把群体导向灾难实在很难。于是怜悯变成了鄙词：为老不尊！

我十分称颂那些义务修路、清除垃圾、力所能及地做社会公益事业的老人，我十分钦佩用一技之长为人解难助困、让自己内心之光点燃别人前进道路的老人，我十分理解那些为了替子女分忧在家中带好第三代并节俭度日的老人。只是，当社会上屡屡爆出一些老人利欲熏心、缺德自私的做派时，我这个也是老人的人，不免为之叹息、遗憾。老人呐，当我们已经进入人生之冬，还是善自珍摄、好自为之，让“德高望重”取代“为老不尊”吧。

## » 一言兴丧

《论语》里有“一言兴邦，一言丧邦”之说，以前我十分疑惑，总觉得过于夸张。年岁渐长，我终于明白“一言兴丧”的说法是有道理的。

曾经喧哗过并相当流行的“抬头向前看，低头向钱看”之言，事实证明，“向前看”不过是虚晃一枪，“向钱看”才是真家伙，而且越发不知收敛，变成不顾一切公德良知的贪婪。比如，在我所居住的江南，本是富裕的鱼米之乡，林木葱郁、丘陵起伏，可是为了“向钱看”，最偷懒的办法就是上山砍树、炸山取石，纷纷弄起木材厂、造纸厂、石灰窟、水泥厂，还有染织厂、塑料厂、化工厂之类，于是清清的河水变得五颜六色，山被炸得断裂缺角，粉尘似大雾迷漫，青山不见了，各种病人成十倍地增加。

见钱眼开之风在城里则变本加厉，历史悠久的文化街区给拆了，珍贵的古建筑眼都不眨一下就毁掉了，城里人吃的、喝的、穿的、玩的，不是假的就是有毒的，或者是以劣充优、以次充好，种种犯法行为屡禁不止，已经到了不怕上断头台的地步。更可怕的是人的心理变化，“笑贫不笑娼”、“有钱就是爹”已经深入相当一批人的骨髓中去了。

由此可见，“抬头向前看，低头向钱看”就是丧邦之言。

致富没有错，但怎么致富却是大有讲究的。有识之士有针对性地说：“绿水青山才是金山银山”，吃了苦头之后的人才体会到，这是兴邦之言、救国之策。仍以我所在的江南农村为例，纷纷进行生态修复，还山以绿、还水以净，坚决关掉那些灭绝子孙后代的、毒化空气的、污染水源的厂矿作坊，这等于迅速折断头上悬着的利剑。凡是这么办的地方，没有几年，山绿了，水清了，溪里有了鱼虾，林里有了野兔，节假日成了城里人旅居和消费的福地，收入着实比以前增加了不少。

城里也在改变，那种愚蠢的只顾引入放毒污染企业，喜洋洋汽车塞满街，只想大拆旧房大卖地皮赚钱的“丧邦”勾当，受到了批判与抵制。

如今兴邦的“绿水青山就是金山银山”的深刻含义，不光体现在农村的生态修复上，也体现在城里的停止乱拆乱建上；不光体现在修复有形的生态上，也体现在修复无形的人的心态理念上。

## » 短文一束/微文十篇

### “花与人间事一同”

假日里，泡好一杯茶，在淡淡水气和微微香气中，翻开了由西泠印社出版社出版的《禅诗画意》，顿时渐入佳境，物我两忘，心思静逸而美感充盈。

禅诗，是一种超脱和穿越后的生命感悟，是一种以简洁语言概括的生存智慧，是情感交融后的理性发射，常常表达出别人心中有、笔下无，欲说而未说、想说而难说的一种境界。读禅诗，使人免于尘俗、超然物外，使人耳聪目明、慧根长发。比如，当我读到龙牙的“朝看花开满树红，暮看花落树还空。若将花比人间事，花与人间事一同”，便不免一惊，心想：“真乃妙哉！”读到慧开的“春有百花秋有月，夏有凉风冬有雪。若无闲事挂心头，便是人间好时节”，便连连叫好不止。读到“手把青秧插满田，低头便见水中天。六根清净方为道，退步原来是向前”，不禁拍手叫绝。

## 铁链板凳

外孙发高烧，我们急带他赴医院看专家门诊，单挂号费就十八元。看病时，专家耗时约三分钟，无非静脉注射、吃点药。在为看专家门诊病人特设的注射后观察室内，靠墙一排固定了的坐椅外另有十来张几块木板、几根木条拼接而成的小板凳，供陪病人的家属坐，估计每个价值不会超出五元钱。在每个小板凳的脚下拴了一根长铁链，固定于靠墙的椅子上。于是，一边有孩子的呻吟，一边有铁链的哗哗声；一边有身穿洁白工作服的护士在来回走动，一边是乌黑发锈的铁链似一条死蛇一样缠绕在脚下。

配置这种铁链板凳，大约是害怕病人家属顺手牵羊。不过依我看能快点治好孩子的病，才是病人家属的急切心愿，他们无暇去眷顾这种小板凳。难道出得起十八元挂号费和上百元医疗费的病人，会对这种小板凳动心？这又不是什么值得留恋的纪念品，何况众目睽睽之下又怎么带得出病房？即使丢了一个二个又有多大的损失？值得如此大动干戈么！

一家高品位的医院，除了要有高超的医疗技术，还需要给人留下一个可信、可亲的形象，至少不要像提防小偷那样来提防病人。

## 星有异同

星有异同。同在献艺，艺有高下；异在品性，也有高下。品高则艺传，铁的定律。

从艺五十年的著名军旅歌唱家克里木，某年春节前应邀赴安徽演出，同去的还有两名当红的青年歌星。在候机室，当旅客们纷纷向他们投以好奇的目光时，克里木用和蔼的眼神和大家交流，另两个歌星则戴着墨镜，不搭理人，大家自然也懒得理他俩。登机后大家发觉头等舱有八个座位，只坐着那两位歌星，而克里木就坐在普通舱。空姐请克里木去坐头等舱，他婉言谢绝了。按说，他年过花甲，坐得舒服点也可以理解，再说去安徽演出，人家让他买头等舱，可是他就是不买。克里木承认，自己现在是正军职，“也是将军了”，于情于理都可以坐头等舱，但坐普通舱也一样到，给人家能省一点就省一点，摆什么谱呢。他直言不讳地说：“有些演员一有点名气，就高高在上，以为自己了不得，尤其一些年轻明星更是目无一切。”飞机抵达后，大家又看到，克里木自己提着行李箱缓缓而行，那两个年纪轻轻的歌星晃着膀子，行李由别人提着，一副趾高气扬的做派，让人觉得不是个滋味，这真叫头重脚轻根底浅呢！

能长久让人民记得住的不会是老在舞台上转而品性极差的角色。

## 钟叔河函究蓑衣饼

长沙的钟叔河先生来电话说，重看《儒林外史》，其中提到马二先生去游杭州城隍山（吴山）时，吃了蓑衣饼。他反复查了几本书，都查不到蓑衣饼是什么样的食品，就想起了我这个朋友，问我是不是知道。如果不知道的话，能否帮助查问一下。我立即翻开《儒林外史》，在第十四回里查到“马二先生……看见有卖的蓑衣饼，叫打了十二个钱的饼吃了，略觉有些意思”这句话，我从这句话的前后连起来判断，这蓑衣饼不是主食，可能是茶馆备下的小食品之类。我专门翻查《儒林外史鉴赏字典》，内里有该书一千多条词语的注释，却偏偏没有“蓑衣饼”。情急之下，我向一位饮食服务行业的朋友求教，他也一愣，然后说可以帮忙问问。

二十世纪八十年代，钟叔河先生出任岳麓书社总编辑时，我曾奉命去了解出版改革的情况，由京赴湘采访过他。他为人豪爽，学识渊博。记得谈到中午时，他还请我到他家吃“便饭”，由夫人下厨，四菜一汤，随意而情真，不搞公款吃请。以后我在各报刊上陆续读过他的多种作品，十分钦佩，钟叔河的学者头衔是名副其实的。

但是，我可真没想到，一部小说中提到的某一小吃，居然会引起这位七十五岁高龄的学者的深究，并且虚心移樽就教。

当天，那位饮食服务行业朋友来电话告诉我：蓑衣饼即酥油饼，可能谐音关系（吴敬梓这部小说全部采用口语写作），“酥油”的杭州口音与“蓑衣”十分相近，吴山酥油饼如今依然有得卖，成了杭州著名小吃了。杭州籍的清朝诗人袁枚在《随园食单》里就有介绍。

我随即电告钟先生，他很高兴地说：“有道理，谐音，这样解释讲得通，我读过这本《随园食单》，里边是有酥油饼的介绍的。谢谢你，让我终于消除了一个疑问。”

放下电话，我不由得感叹：不放过任何一个疑点，哪怕是别人并不在意的小小的疑点，也一定要弄懂搞通为止，这才是真正学者的作风和品格啊！

## 谔者诤言

享年七十九岁的李子云女士不久前仙逝。她是位文学评论家，她说，历次政治运动中，一些桀骜不驯的文化人“在强大的政治运动面前不堪一击，只要政治机器压过来，毫无挣扎地只能束手待毙，甚至化为齑粉”。

她又针对当前学界的状况，说：“很难再出王元化这样的文化大家了，因为很难再有不顾花花世界，潜心做学问，把自己奉献给学术的人，好像也没有什么事情值得一个人花费毕生的精力。现在一部分知识分子也富起来了，住什么房子开什么车，个人的价值跟财富直接挂钩，风气就是这样，暴发户的攀比心理，全体疯狂。现在也少有人关心正义或不正义，有利就行，缺少反思能力，缺少道德标准。现在尊重什么人？财主（指有钱人）。”这里没有一点夸张，只是一个参加革命六十年的老人睿智的思索得出的警示。其实不仅在文化界难出大家，其他的领域何尝出得了大家？尽管如今大师的帽子满天飞，连足浴也有人称大师了（杭州就举行了足浴大师赛），但是纸糊帽子容易一风吹，而真正的大家需要板凳一坐几十年，潜心研究学问，不出风头，不赶场子，如今这样的大家确实难找，当然我也不相信从此就会绝迹。

二十世纪九十年代，王元化出任上海市委常委、宣传部部长时，李子云公开对人说："王元化当了（上海市）宣传部部长以后，开了很多沙龙，邀我参加，我说你做了部长我就不来了。我发现他身边的人好些是马屁分子、年轻投机分子，关键时刻就推卸责任。我跟他说，那些人都是对你有所图。"这几句话真是石破天惊！"千人之诺诺，不如一士之谔谔"，只有真诚坦率，对朋友无所图的人，才会发出谔谔之声。

## "听话听声"

现在有的人，对于领导的声音记得很清楚。只要这种声音传来，受宠若惊，事事照办，办之唯恐不快。湖南桃源县一个四十五岁的名叫龚金凤的，做梦都想发财，苦于没有一技之长，又不想靠勤劳踏实去赚钱，于是他想到了如今一些领导干部听话听声的这一特质。此人擅长把别人的声音学得惟妙惟肖，他想何不发挥自己的这一特长——克隆领导的声音来捞钱呢！果然如愿以偿，仅仅半年的时间里，居然给他骗到二十三万元。直到龚金凤冒充某市的"莫书记"，诓称给一单位买辆豪华轿车，骗走六万元后，才引起公安机关注意，终被抓获。

按说这类骗子的骗术并不高明，远的不说，近二十年来抓获的以某领导或某领导亲属名义骗钱、骗物之类的家伙，不知有多少，但上当的仍然还是出现了。而且骗术越来越拙劣，受骗的人却越来越愚蠢，骗走的金额越来越多。实在叫人啼笑皆非。

这是公开的秘密：顶头上司是决不能得罪的，提拔全靠他们。于是骗子就钻了空子：你不是对顶头上司言听计从、不敢有半点违背吗？他正好就利用你的特点治你，让你服服帖帖，心甘情愿掏钱。

通信空前发达，除了电话、传真、电子邮件外，即使开车去跑一趟，骗术就可拆穿。但是这种现代化偏偏不用，为了显示其忠心耿耿，一“声”令下，立即行动，只有当官迷及迷当官之辈，才会如此丑态百出。

## 四劝金庸

我十分钦佩金庸先生。他办报时，不光每天执笔写时评，还要撰连载小说，没有过人的才学、功底和精力，根本办不到。他的小说拥有上亿读者，历经半个世纪而不衰。即至耄耋，除兴致勃勃修改旧作外，他还以小说形式撰写《中国通史》，希望抛弃某种定见自成一家。此外，金庸先生还带了四名博士生。他的身体还是比较健康的，只是心脏做过搭桥手术而已。

今夏，《金庸茶馆》杂志在西湖准备出版，金庸冒酷暑赶来“开张”剪彩；没几天，金庸赴南岳衡山，担任“五岳盟主”，坐而论道。九月又去“华山论剑”，陕西方面为迎“金大侠”封华山，金庸却受风寒感冒了。十月到杭州给博士研究生授课，旋而又赶到海宁老家参加“金庸小说国际研讨会”。活动如此密集，不由得想诚挚一劝金庸多加保重身体。

金庸多次声明，所参加的活动不收一分钱。洁行高操，令人钦佩。然而，以金庸的睿智理当清楚，别人是会利用他的声名进行商业炒作的。我要二劝金庸的是，既然抱定宗旨不参加无益的商业活动，何不安下心来早日写就《中国通史》？

金庸先生近年在修改他已经发表了近半个世纪的小说。我觉得多此一举。当初写的小说，现在可能发现漏洞，或前后情节矛盾，或人物性格发展有更合理之处，但世上本没有十全十美之事，任读者评说也无妨。所以三劝先生保留小说原貌。

不少学子盼望能从金庸那儿学到真正的学问。金庸不负众望，今年从全国收取四名博士研究生，十月中还为他们上了四十分钟的课，学生受益匪浅。所以四劝金庸给研究生多多“面授机宜”，把一肚子学问早日授徒。

## “汉街”断想

一个大约与汉代开国皇帝刘邦有点关系的地方，兴建起了一条街，号称“汉街”。请了一位权威人士去参观，本想听到一些捧场的话以抬高身价，哪知权威人士一路沉默。后来经再三盘问，方了解到：汉唐实行的是“坊里制”。所谓“坊里制”，就是所有人多之处都是先建坊（即坊墙），修钟鼓楼：早上官员打钟，大家起来干活；晚上官员敲鼓，大家收工。

汉代的所谓街道，一般是冷冷清清的只用来走人。当时的首府专门设有九个市。比如，酒市是卖酒的，马市是卖马的，分得很清楚，交易根本不在街上做。到了宋朝以后，才开始了“沿街开店，因市兴街”。可以肯定一点，中国汉代建筑没有遗留下来，如今造出的“汉街”，不过是假古董。

如今这种傻事恐怕不是一件两件。往小里说，这里修的“明清一条街”、“宋朝一条街”，是一种假历史；那里建的这个塔、修的那个庙，也是伪古董。无非是想增加点旅游资源，名不符实并不要紧，哪怕一个人受一次骗，哪怕全国只要百分之一的人上一次当，就可以赚得盆满钵盈了。往大里说，近百年中有多少历史事件、有多少已作古的历史人物，究竟应当如何恰如其分地评价，究竟应当有一个什么样的客观认识，都需要先剔除欺骗、蒙骗的幕纱，先搬开假的障碍，才能大白于天下，还历史以真实的面目。

这大致是一个定律：假的一多，真的就少；假的乱了真，真的很可能消亡。

## 以情动人

只有留下自己血肉的文字才会动人而流传。

桃花盛开时节，英俊小生崔护走出都城长安，来到南庄赏花，口渴了便向一姑娘讨水喝，姑娘给他水时，双目灼灼、可人非凡。第二年崔护又去踏春，旨在会见那个令他魂牵梦绕的人，却不料姑娘因相思成疾而夭。他在顿足痛惜中写下一首七言绝句：“去年今日此门中，人面桃花相映红。人面不知何处去，桃花依旧笑春风。”那种惆怅失落之情，感人心弦，成了唐诗中的精品之一。

大学者钱钟书，在二十世纪三十年代追求才华超群的杨绛时，给她写了不少诗。其中一首是：“颉眼容光忆见初，蔷薇新瓣浸醍醐。不知腼洗儿时面，曾取红花和雪无？”（当年初见时，你的脸像刚开的蔷薇花瓣，皮肤似奶液般滑润细腻，试问从小洗脸时是用红花和白雪的吗？）在追求杨绛的不少英才中，她独钟情于钱钟书。是呵，面对这样的赞美和机趣洋溢的诗，哪一个姑娘能抵挡得住这爱的攻势？

情真、情浓、情烈，是任何作品的内在生命力。情与思是同步的。歌德说：没有情感就不存在真正的艺术。以诗来说，何塞·马蒂认为，缺乏感情是不能成为诗人的。其实任何艺术形式都需要靠情来动人，主观的强烈的爱憎越鲜明，就越能问世真正的不朽之作。口号式的、社论式的东西，因为无情，只能是过眼云烟没有生命力。

崔护、钱钟书的诗篇，无深情是写不出来的，更不用说少情、无情之人了。

## 以少少胜多多

七十年前，清华大学新生入学考试国文试题由史学大师陈寅恪出，这位老先生出了个上联作题，要学生对下联。题目即上联，是三个字：孙行者。结果有一半以上的考生交了白卷。陈寅恪认为对对联最容易测出学生对中文的理解程度，因为字不多却要了解词性，懂得平仄运用，而且要熟稔中国的传统文化。当时有个学生答了个下联：胡适之。陈寅恪给了个满分。

当今语文升学考试的题目之多之复杂，令作家都发怵，然而考取大学文科专业的人，不少人甚至到了毕业连一些最普及的经典小说都没读过，更不用说有本事去对对联，这也绝非危言耸听。

上海、北京等地的大学，有的人“著作等身”，一查就难为情了：不是鹦鹉学舌，就是当文抄公的成果。山东还有个人一年居然有“著作”达一千三百万字，平均每天为三万六千字，不要说是“著”，就是当个打字员，每天要打出这么些字都很吃力，可见利令智昏到了不顾常识的地步。

著名经济学家张五常说，三十四年前他曾问芝加哥大学的一位前辈，要有多少篇在一流学报发表过的文章才能升级。前辈说：没有规定，主要看你的文章的内容。又问：只发表过一篇也可以升级吗？答：连一篇没发表的都可以，我们只看文稿的内容如何就可以决定。后来张先生在华盛顿大学任职，申请升为正教授，交出去的论文只有十一页。专家评审后回答：这十一页就够了。现在张先生是香港大学的系主任，对教师的去留、升职或聘新人，连十一页的论文都不看重，他需要知道的是，这个人在他的专业领域里有没有说过一两句创新的而大致上可以经得起时间考验的话。试想，没有真正下过苦功夫、博览过群书的人，这几句话，也就是真知灼见，他能表达得出来吗！

以少少胜多多，才叫高明；文字垃圾再多，在内行面前仍然是一文不值的。

## 且说“书香门第”

清代经学大师俞曲园夫妇携女儿同游杭州灵隐时，见“冷泉亭”有一联：“泉自几时冷起，峰从何处飞来”，俞夫人请博学多才的丈夫回答此联，俞曲园便应声而答：“泉自有时冷起，峰从无处飞来。”俞夫人一笑说：“不如改作‘泉自冷时冷起，峰从飞处飞来’。”说完夫妻俩相视而乐。俞曲园要女儿也答一答，女儿沉思了一阵，说：“泉自禹时冷起，峰从项处飞来。”俞曲园大惊，问：“‘项’字何指？”女儿道：“不是项羽将山拔起，安得飞来？”俞曲园笑着夸女儿用起了典。原来女儿引的是项羽《垓下歌》中的句子：“力拔山兮气盖世”。俞樾高兴女儿用的典竟让自己一时愣住了，说明她的用功勤读之深。

俞曲园著有《春在堂全书》五百卷，是清末最著名的学者。儿子去世早，孙子俞陛云曾任浙江图书馆馆长。其重孙俞平伯是北大教授、著名红学家。俞家可谓拔尖的书香门第，因而平时一家人谦让随和、其乐融融，日子过得十分欢怡。

从历史上看，“书香门第”之家往往遵循的是“尺璧非宝，寸阴是金”，“要好儿孙须积德，欲高门第宜读书”，讲究忠厚积德，读书第一，“子孙虽愚，经书不可不读”。因而那些书香门第的平民百姓家，比起阀阅门第、权势逼人的簪缨世家来，反而存留世间更为长久，影响更为深远，实在耐人寻味。

所谓“阀阅门第，簪缨世家”，就是对政权建立有功劳的一代人，在享有胜利果实时，成了朱门巨富，人人侧目而视、福及子孙的世禄之家。可是历史常常记录了这种权势门第和世家的迅速凋零的事实。因为这些世家之子孙的多数躺在祖上的功劳簿上，养尊处优、吃喝嫖赌，在人前装模作样，肚子里实在没有多少墨水，从来也不会“三更灯火五更鸡”去认真读书，除了学会捞钱、玩女人和赌博之外，没有任何手艺技能，没有丁点本事，祖上创下的宏业在他手上很快坐吃山空，败得干净，只能变成人们茶余饭后的谈资了。

古人爱把芸香草放进书里的夹层或竹简驱虫防蛀，日久书香成了读书人渐入佳境的触发剂。而书香门第就成了人们对于勤读持家、培养有文化有修为的下一代的赞誉。当然，从长远来看，“书香门第”也不是绝对的安全屏障。因为“学而优则仕”成了另一种改变人生命运的途径，不少官员（除武将外）就是由读书人而一步步登堂入室，从而有了“阀阅门第”。从书香中出来的也有奸宄巨贪，历史上著名的严嵩、秦桧之辈，书读了不少，门第既属“书香”也是“阀阅”，共同点是垮得迅速，且遗臭万年。这样看来，还是《荀子》说得好：“积土成山，风雨兴焉；积水成渊，蛟龙生焉；积善成德，而神明自得，圣心备焉。”一个家庭的兴衰，表面上看或书香或煊赫，内里根本还是在积不积“善”。读书的效果，固然与当官升官有关联，但真正读透、读懂了书的人，对于当官发财等类看得很清楚和淡泊，不至于去孜孜以求、日夜梦寐。

据《京华时报》报道，有位祝先生去未来岳母家，老人指着一个书柜说：“这就是我们留给你们的‘财产’，女儿嫁给你，有房有车更好，没有也不强求，但我的要求就是，这一柜子书，你们全部要读完。”这个老人家并不把财富权势看得多么重，但把爱读书当成硬条件，这在当下是十分可贵和高明的行为。因为能潜下心来认真读书的人要更靠得住些，女儿的终身也许会更可靠。这则消息一披露，社会上一片叫好声，甚至有人给这位老人家送上“国民岳母”的称号。可见社会已经开始意识到“积金千两，不如明解经书”的“书香门第”，是值得引起高度重视的。

## 酸甜苦辣 调和童心

鲁迅说：“无情未必真豪杰，怜子如何不丈夫。”对于自己生养的孩子，都会爱之若命，希望其健康成长，成为一个对民众有用的人。因此每到儿童节，城里许多家长除了带孩子去肯德基、麦当劳饱餐一顿外，还要送点礼物。凡这些大致都体现出了鲁迅诗句里的“情”与“怜”的三昧。但是，以笔者之见，还是郑板桥说得好，让子女“酸甜苦辣备尝，而有获者也多矣”。从长远来看，多给孩子尝点酸甜苦辣，是会大有收益的。

**给孩子多吃点酸，对于增强其“造血”、“除毒”功能，大有必要。**

天津有个研究员在独生子郝丁十八岁时与其签订了一份协议：须自己承担高等教育费用，以及往后谋业、结婚成亲、培育后代等人生大事的一切开支。郝丁吃酸了：“有一种被抛弃的感觉。”他是用沉默和强咽酸水来表达他的怨恨的。六年过去了，当郝丁在人生道路上步入良性循环后，他才开始体会到父亲的深情：让其早日融入社会，自立成才，不致庸庸碌碌，在父母的庇护下过日子。常识告诉我们，酸味（如醋），能增强人的肝脏的造血、去毒功能。看来给孩子多吃点酸，对于增强其“造血”、“除毒”功能，大有必要。

**让孩子多吃点苦，坏不了事，那些变质而堕落的人恰恰是从小就娇宠坏了的。**

苦味（如苦瓜），有助于增进食欲、提高免疫力，一个人的内存最后能不能转化出如大家所期望的境界，只能通过刻苦磨炼，以及经受社会的锤炼。复杂多元的社会，毕竟不是亲情浓酽的家庭。明白这一点，有意识地让孩子吃点苦，是有百益而无一害的。最近，笔者见一家咖啡屋聘用了几位文质彬彬的服务员，一打听原来是大学外语系的在校生，每天读书之余来干几个小时的服务，节假日则全天服务，他们认为赚点钱固然累了点，但重要的是对生活、对人生加深了认识和理解，这是用钱买不来的收获。让孩子多吃点苦，坏不了事，那些变质而堕落的人恰恰是从小就娇宠坏了的。

**敢不敢给孩子尝点辣，是检测家长是不是热爱孩子的试金石。**

辣味，能增进血液循环，促发汗、驱寒和开胃。敢不敢给孩子尝点辣，是检测家长是不是热爱孩子的试金石。南宋大词人辛弃疾五十四岁时任职福建，因为见朝廷昏庸、奸佞乱政、志不得伸，便欲辞官归家，不料遭到儿子的竭力反对，理由是家里的田地房产还未购置。辛弃疾立即写了一首词《最高楼》，词前有个说明：“吾拟乞归，犬子以田产未置止我，赋此骂之。”作者在词中有“千年田换八百主，一人口插几张匙”句，成了妙语也成了警句：纵观历朝历代，任何人的田地家产都会易主，所谓“富不过三代”；再说人生在世，所需有限，一张口能进几匙羹、一人睡能用几间房？火辣辣地“骂”儿女的，辛弃疾可以说是前无古人。辛弃疾一家后来在江西上饶农村过着自耕自足的生活，他的儿子没有乘时去贪图荣华富贵，成为沽名钓誉、自吹自擂的猥琐之辈。

**当孩子在苦恼时，在情绪低落时，在困难中，高明的家长需要让孩子尝点“甜”。**

说到给孩子一点甜，读者会认为，这还需要唠叨吗？哪个家长不是想给自己孩子多吃点好的，多占点便宜？然而真正高明的家长是决不会停留在这种浅层次上的。有个孩子成绩比别人差，他很苦恼，他的妈妈带他到海边的沙滩上，告诉儿子说海边争食的鸟儿，在海水扑来时，小雀迅速飞上天空，海鸥却要较长时间，可是真正能飞越大海的还是海鸥。孩子听到母亲的“甜言蜜语”后，信心十足，后来以全校第一名的成绩考取清华大学。当孩子在苦恼时，在情绪低落时，在困难中，高明的家长需要让孩子尝点“甜”，就是找出孩子潜藏着的某一点火星，用真情的扇子去扇动，从而激起才华的熊熊烈火。谁都明白，命运中总有一种不可捉摸的变数。对孩子而言尤其如此，所以用“甜言蜜语”

鼓励孩子牢记：“成功，是一种从一个失败走到另一个失败，却能够始终不丧失信心的能力……那些不成功的人是永远没有失败的人。”（英国政治家丘吉尔的话），孩子会感受到一种震撼力，从而终身受益。

让孩子知道李白的名言吧：“天生我才必有用！”家长多给孩子一点酸甜苦辣，孩子也许就能成为大用之才，而大用之才，对国家民众则大幸！

# 社情感应篇

## »　“问世间情是何物”

爱，是四季皆开的鲜花，人人都可以随心采摘，有的人采摘后鲜香四溢，众口称羡。二十世纪七八十年代，日本影星山口百惠和三浦友和在中国红得发紫，就在他俩的影视事业如日中天时，却对外宣布结为夫妇。至今三十五年过去，他们恩爱如初。三浦友和说：“我和她几乎没有吵过架，可以说我遇到了非常优秀、与我缘分相投的她，三十多年一直幸福地过来了。”求婚时她只要他实实在在的三项承诺：禁烟；诚实，不耍滑头；决不出轨。他答应之后，她毫不犹豫地丢下大明星的名和利，果断退出娱乐圈，在家相夫教子。看来简单平常，做到几十年如一日可不简单。这里嗅不到让人窒息的铜臭，没有哗众取宠的噱头，更没有那种异常动听的山盟海誓。这么多年来一直在他们家门口或明或暗的狗仔，就是没有捞到一条新闻，拍到的见到的总是二人或逛超市或散步的恩爱照片。日本影坛消失了一个倾国倾城的女影星山口百惠，缺失了万众羡慕的荧幕情侣，世上却多了一个持久美满的家庭及一对幸福的夫妻，还有他们的两个宝贝儿子。这样让人赞赏的爱情并非个别，中国的女演员徐帆说：“女人既要干得好，也要嫁得好。干得好可以证实你的工作能力，嫁得好则是证实你的眼力。”她说得不错，她结婚至今，工作事业、爱情生活双丰收，比起山口百惠只在家当全职妇女，似乎要略高出一筹，成了许多人的榜样。

然而，当你回顾我国众多影星、模特、主持人不断出现的热闹结婚、离婚、爆乳、露腚之类的丑闻时，你就不能不想到马基雅维利说的一段深刻的话：“爱，是靠一条由责任组成的锁链来保持的，这条锁链由于人性的卑劣，故只要有利于他们时，随时都会断裂。”当下颇为流行的“美女宣言”并非事出无因：要把三十岁男人搞得到处欠债，要把四十岁的男人腰杆裂断，要把五十岁男人妻离子散，要把六十岁男人财产霸占，要把七十岁男人早送上山。当然，美貌佳人不是祸水，与虚荣的女人结伴的只能是好色的男人。男人敢于“好色”，无非一是有权，权力乃十足的春药；二是有钱，钱是万能的润滑剂；三是有才，才可以变成哄骗的炮弹；四是有貌，貌是没有漏洞的魔术。

当前娱乐界热闹非凡的不正常的男女婚恋，最大的特点是“偷”，见人家或是长相美艳或身材妖娆或演技高超或名声日上，便用尽心机去“偷”，同时把原来的丢弃，偷到手就玩，玩弄过后再去偷，不断地偷不断地丢。有些人做贼心虚到看见有人暗暗拍照，就惊骇莫名，对人凶相毕露。你是正当的正常的，别人拍照怕什么！山口百惠、三浦友和夫妻俩家门口狗仔队不断，几十年如此，人家对狗仔队客客气气，因为身正不怕影子歪。有的人才结婚没几天，就宣布离了。有的今天劈腿明日毁容，刚曝饭局价，又来潜规则。对影视界十分熟悉的女作家六六说过一些话很有针对性：作为公众人物，其混乱的私生活如此龌龊不堪，实在令人无法容忍。爱情在有些人那里，怎么如大便，想来就来，来了留一地臭味，擦擦屁股走人，管她（他）有多伤，自己继续玩劈腿，上床成了乐此不疲的副业。

一个着重肉体价值的民族是无法提高精神追求的，一个失去精神价值的民族是没有希望的民族。确实，当女星、模特走光、全裸之类的恶俗层出不穷时，还有谁想到节操、品行、榜样？指望在当今娱乐界停止过度消费和乱七八糟的生活方式，也许会让天真善良的人失望。好的是，如今多数读者理智多了，那些要搏出位不断添乱的主儿一亮相，立即被口水淹没了。

听说猎人射中一雁而致死，另一配偶雁不去逃匿而是啼鸣不止，宁愿殉情扑地同归于尽，使近八百年前的大词人元好问感慨不已，对这一坚贞之爱表达无限赞美之情，写下："问世间，情是何物，直教生死相许？"时代变迁极快。当今殉情是不大可能出现的事，但是大雁对爱的至情至性恐怕要让不少人羞愧。

懂得自尊、尊人，追求崇高的美的生活方式，不要亵渎爱情，那是做人应有的底线。

# » 生活中的启示

（一）

一个小女孩去上学时，遇到闪电、打雷、下大雨。小女孩的妈妈赶紧去接她，这时只见小女孩一个人走在路上，每次闪电时，都停下脚步抬头往上看，并十分喜悦。

妈妈疑惑地问道：“孩子，你在干什么？”

小女孩说：“上帝给我照相，我要微笑才对啊！”

启示：单纯有单纯的好，懂得太多，往往失去单纯，也失去不畏恐惧的兴奋。

（二）

一名主持人问一个小朋友：“长大后想干什么？”

小朋友回答：“当飞机驾驶员。”

主持人：“如果你的飞机飞到上空，没汽油了，你怎么办？”

小朋友："我会告诉乘客绑好安全带，然后我挂上降落伞跳出去……"

主持人以为小朋友在"幽"上一"默"，便不大高兴地说："那么多乘客你不管了？"

小朋友接着说："我要快点去拿汽油来，给飞机加上油，继续飞。"

启示：不要把自己的想法强加于别人，特别是加在天真的孩子身上。听别人讲话，一定要听完整。

（三）

一天深夜，一对老年夫妇进一家旅馆住宿。前台侍者说："对不起，所有房间都住满了人。"看着这对老人疲乏和失望的神情，侍者又说："请先坐下，让我再想想办法。"

过一会，侍者将这对老人领进一个房间，说："也许它不怎么适合你们，但现在我只能做到这样了。"

老年夫妇见眼前其实是一间整洁干净的屋子，愉快地道了谢住了下来。

第二天，他们到前台结账，侍者说："不用了，你们住的是我的宿舍，不收钱。祝你们旅途愉快。"

有一天，侍者收到一封信函，信内有纽约的机票，并有简短的附言。原来，老年夫妇是有着亿万家产的富翁，他们买下了一座大酒店，聘请侍者担任总经理。他们相信侍者一定能经营管理好这大酒店的。这就是全球有名的希尔顿大酒店。

启示：人固然不必去期待好的报应，但有了善心和真情，总会带来成功、创造奇迹。

（四）

日本人野田圣子谋得的第一份工作是清洗客人用过的马桶。她洗过的马桶不仅外表光洁如新，里边的水也是干净的，干净到可以当着别人的面，盛一杯马桶里的水，眉头不皱一下喝下去。天天如此。后来，野田圣子在三十七岁时，当上了日本的邮政大臣。

启示：具有超乎寻常的敬业精神，必能成就大事。

## » 大路朝天　各走一边

笔者撰写的《汽车狂野为哪般》一文，对一些汽车主人及司机的不文明和违反交通安全的十种表现提出了批评。稿件见报后，有读者告诉笔者，汽车司机的狂野确实存在，但是行人与自行车也有许多的不文明，只批评汽车司机一方显然不够公允。

这个建议是对的。笔者多年冷眼看到，如今一些自行车和行人确有一种“天在上、地在下、中间不怕汽车轧”的“气概”，交通事故，有相当多就是由此而引发的。

行人与自行车的不文明，大致有以下的表现：乱穿马路，根本无视机动车正常的高速行驶。因为他认为，汽车反正是不敢碰他的。

无视红绿灯的存在，大路朝天，只顾自己。

几个同行者，“一字横排开，挤了路一半，边走边笑谈，不顾路被占”，弄得后边的车辆无法正常行驶。

行人、自行车不走人行道和非机动车道，大胆地在车行道里笃悠悠，置生命于度外，也不管自己的行为会不会影响别人。

自行车带人，把车胎都压扁了，甚至还有“一拖二”的，前边横档上有个小孩，后边还坐一个妇女。笔者就亲眼见到这“一拖二”被飞驰过来的汽车吓得前后两人都摔伤的事，既可怜又可悲。

有些骑自行车的，边骑车边朝两边吐痰，或是边抽烟，烟灰、火苗子和唾沫都溅到后边的人或人行道上的人身上。

有些骑车的边骑车边打手机，全不顾左右车辆；有些骑车的两耳在听CD，根本不顾别的。

一般地说，行人与自行车在马路上行动，倘与汽车相比，处于弱势地位，因此汽车从原则上讲应处处礼让为上。但是这不等于说，行人与自行车就可以为所欲为。《道路交通安全法》对自行车与行人也是有着约束的，违章同样要罚款。仔细想想，自行车与行人所以出现上述几种不文明的行为，我认为其原因有三：

一是无知。正如有不少人学会了驾驶汽车，却像并不熟知行驶的规章制度那样，会走路、会骑自行车的人，不明白自己上了马路也是要必须遵守交通规章这一条的。以前某些地方出现的在机动车道倘汽车撞了人等于白撞、不负任何责任的规定，矫枉过正，不符合人性化，需要纠正，但不是说，行人和自行车就可以“横行无忌”。只要走在马路上，就要遵守《道路交通安全法》，以保护自己的安全。其实，懂得安全说到底还是对个人有利，试想，倘被汽车撞飞了，非死即伤，痛苦的是自己，别人赔再多的钱对你有什么意义呢？

二是交通管理部门需要严格、严肃处理违章的行人与自行车。笔者也见到行人与自行车明显违章之后，交警在处理时，有的行人与自行车主就胡搅蛮缠，蛮不讲理，弄得行人围观，影响交通秩序，有的交警出于无奈，只好息事宁人。今后有法可依，就需要自觉，不应胡搅蛮缠，建议交警部门，倘若违章人蛮不讲理，则更应严格执法才会有效。

三是需要形成一种“一切依法办事”的舆论环境。交警与违章的行人、自行车主的关系，不是强者与弱者的关系，社会不需要在这种场合“同情弱者”，因为这种做法恰恰助长了不遵守交通安全法的风气。全社会形成以遵守交通安全法为荣的环境，违法者就不敢蛮横了。

有了《道路交通安全法》，汽车司机、行人、骑自行车的都认真执行，这是一种向美、至善的自觉的理性，这将使人的行为变得尊贵和礼貌，从而使马路通畅、出行顺畅、心情舒畅，到那个时候，人人都会叫好。

## » 既要知惑，更要解惑

随着生活条件的改善，高质量的健康饮食越来越受到人们的关注和重视。医学科研人员对群众日常起居饮食方面的指导，自然有着举足轻重的作用。

最近，杭州市有关专家发布两个信息。一个是说：浙江人十分爱吃的烤鸡、烤鸭、熏鱼、叉烧、咸肉、火腿、霉干菜等熏烤、腌制、发酵食品，经检验后发现有致人消化道肿瘤的危险。浙江的消化道癌症病人较多，即是佐证。

但是，这些都是传了几百年的食品，特别像臭豆腐、腐乳、虾鱼卤之类，价廉味鲜，老百姓又十分爱吃，并且代代相“爱”，令不少医学专家觉得困惑与为难，即使发出了多次同类警告，仍未能让人们与它们断绝往来。是啊，已经“糊涂”很久，岂能一朝便可“解开困惑”？

这些传统的食品易致癌，专家讲过之后大家似乎明白了，但是因为它们鲜美、价廉，又不是一吃便得癌，所以人们也就掉以轻心了。但是，倘能做到既放胆吃，满足了食欲，又不易得癌症，岂非两全其美？

杭州的医学科研人员似乎了解民意，他们并不单是停留在发布警告上，他们相信大自然里一物降一物、一物克一物的道理。经过三年的研究，他们又公布了一个信息：已经找到了几种能明显降低上述食品致癌危险的食物，效果极佳。一是大蒜，可把亚硝酸盐(致癌物)百分之百消除。二是叶绿素铜钠盐，有较强的抗诱变性，可促使体内排泄多种致癌物质……

应该说，单是发布上述传统食品容易致癌的信息，自然是能起到保护人们身体健康的作用，但仅止于此，就会出现两种后果：要么使人战战兢兢，不知所措，如临大敌；要么是不理不睬，我行我素，管它会不会得癌只要能解馋就行。这两种后果都对健康不利。现在提出了解困之法，人们在品尝上述传统食品时，不必再担心得癌的危险，实在是功德无量的大好事。

人们现在的健康意识越来越强烈，有关键康的信息也越来越受到关注和重视，但是现在各种渠道发布的养生保健的信息往往是“公说公有理，婆说理更多”，都不能说有错，但往往自相矛盾，很难自圆其说，有的甚至留下一团迷惑。比如，有的专家说一天吃盐不宜超过六克，有的专家说夏天出汗多，菜须咸点才好，甚至喝水时要加点盐，这么一来显然会超过六克。有的说每天清晨喝杯盐开水大有益处，一杯盐开水得加几克盐才合适又没细讲，就算加三克吧，那一天吃盐肯定也会超过六克。怎么办？又如，有的说爬山爬楼有益身心，有的又告诫这样爬会损伤关节；有的说清晨锻炼身体好，有的又说清早空气浑浊，九十点钟和下午三四点钟的空气最适合锻炼……众说纷纭，叫人不知怎么办才合适。

世上没有两片一式一样的树叶，也很少有完全一样的身体和放之四海而皆准的道理。在健康指导方面，恐怕既要考虑有体质共性的一面，也还存在错综复杂的个性的一面，而且往往在每个个体之间还差异甚大。如果只顾及一点，不及其余，或者只讲共性、无视个体，或者只重视个体、忽略群体，都会叫人无所适从，甚至还会产生许多副作用。

提供种种保健的信息固然十分重要，可以引起重视，但是不光要让人知惑、知其然，更要善于解困，知其所以然，多提供各类行之有效的答案，就像杭州科研部门那样，既严肃指出一些传统食品容易致癌，又科学地指出可以消除癌症危险的办法等，这样比较好，让人可以操作，对大伙来说似乎更为实用因而也就更为重要。

对人身心健康的事是这样，其他领域里的事，只要是涉及人们切身利益的，又何尝不是这样?

# » 说“戾”

最近在浙江的高速路上发生这么一件事：因为驾驶捷豹车的周某觉得前边开车的张某故意挡了他的道，于是从汽车里取出仿真M911手枪，对准张某之车开了两枪，然后扬长而去。张某听见车窗传来“砰砰”声音，吓了一大跳，车头一摆差点撞上护栏，驾驶室一侧车窗玻璃留下凹凸不平的白点，他庆幸当时关了车窗，不然自己就有可能被击中。开枪的周某今年三十二岁，警方搜查他的家，发现居然藏有十把大小仿真枪支，还有弓箭、弩、枪支零部件。显然，这些杀伤性凶器绝不仅仅是一种摆设。

确实令人疑心时光是不是倒退了。有一些人似乎长了龙鳞凤毛，不可一世。他们手中有了点权、有了点地位、有了点势力，就摆出高人一等、呼吆喝六，视别人为蝼蚁的架势，把本应遵守的法纪、道德、文明丢在一边，把恶霸、流氓、土皇帝的做派学得惟妙惟肖，于是稍有违逆或不顺眼，就想用武力来威胁对方，滥施淫威，戾气十足。

戾者，暴怒、凶狠之谓也。《韩非子·外储说》中有“忿戾恶心，人多不说喜也”，暴戾凶狠这种行为，不会令人喜欢，反而会让人厌恶。

那么，为什么青天之下，戾气于今为烈？拙以为不外乎以下三点原因：

一是权力崇拜的副产品。当今崇拜、谄媚、追逐权力之风盛行，有了权就掌控一切、摆平一切，就可以让人匍匐在地；有了权，丑的可以变美，臭会被说成香，假的能被包装成真，恶的会被化装成善，是非颠倒、真假莫辨。戾气就是在这种氛围中招摇过市的。

二是钱财崇拜的衍生品。有钱就可以达到一切目的，成了许多人的信条。于是拼命弄钱、挖国家墙角，钻一切空子，偷税漏税，坑蒙拐骗，走私舞弊，盗挖古墓，偷卖文物，只要能弄到钱不惜上断头台，根本不把别人，特别是不如他们有钱的人放在眼里，戾气成了他们的脾气，动不动就想施威逞霸。

三是狼性文化的孳生品。一段时期以来，倡导为达目的要学习狼的猛烈攻击性，对待猎物要毫不仁慈的残忍性之类，于是在我们民众内部为了满足自己欲望、野心，便像狼一样无情、冷酷、毫不手软地攻击、讨伐对手，甚至不惜诽谤、造谣非整垮对方不可，搞得别人心惊胆战、讨饶求恕，龇牙咧嘴，不赢得胜利不罢休。这种社会上践行的狼性文化，焉能使戾气不一窝蜂！

# » 贵在诚实

最近不少报刊推荐客居于加拿大的听力康复师张翎的小说，也有她的小说被改编成电影的消息。想起有些名家谆谆告诫过：凡在报刊上大力推荐的、上排名榜的或畅销书，不用去多加关注，因为吹捧的成分往往高于实际水平。所以，对于是否去购买阅读张翎的小说，便一直犹豫再三。

前不久，想给外孙女买点儿书，无意中在书店大厅醒目处，看到有张翎的《金山》，便随手翻了起来。见到《金山》“附录”列出了作者的“研究参考书目”：中文部分十五种、英文部分二十种、影视部分三种。我想，这是一部描写一百年来中国贫苦人民漂洋过海去北美修筑铁路的小说，小说总是依靠虚构来塑造人物、推动情节的。即使是历史小说，作者要多参阅各类历史资料，自然也会吸纳多种社会调查的出版物中的某些营养。但这毕竟不是写历史传记、不是写“华工血泪史”，这是在写小说，对于小说作者而言，参阅参考书目，是极其正常的写作准备，似无必要向读者交代曾参阅过什么，读者自然不会也不可能有什么好责备的。

然而，这个张翎却非同寻常，她袒露了自己曾为写小说所阅读过的参考书目。这让我看到了她非常可贵的诚实品性。

应当说，诚实，已经成了国内不少文人精神上的稀缺元素。不是吗？有的人心不虚、手不软地大段大段抄袭别人的作品，根本不在乎读者的谴责；有的作家协会会员在出版的长篇报告文学中，剽窃别人在地方报刊上发表的作品，而且在法庭上辩解说，所抄的长度只占整部书的百分之几，言下之意，这算不了什么。还有的博导、大学校长，其论文抄袭国内外专家的研究成果，把脸丢到外国去了。更让人挠头的是，把网上人家的东西大堆大堆地“移花接木”，归为已有，于是很快便“著作等身”了。难怪有些作者如此热衷于传记、财经、近代史事件人物这类题材，因为只消有一台电脑，几十万字几个月就出来，再弄个首发式研讨会之类，既不花力气又可名利双收，这比剽窃还要贪婪，与入室“抢劫”十分相似了。

一个文人贵在诚实。也许你可以写得不怎么优秀、不那么厚重，也许几年里才能写出一点来，但总归是你的心血，只有你才能“生养”得出来的“子女”。古今中外无数事例证明，优质的精神产品只与一颗诚实的心相关联，任何功利的、玩世不恭的、巧言令色的虚伪矫饰者，不管有多大头衔和光环，因为与真诚是“两股道上跑的车”，只能是领得风骚没几年，行之也难远。

当我手捧《金山》和其他一些新书离开书店时，觉得有了多重的收获，因而步履特别轻快有力。

## » 心理教育刻不容缓

6月2日下午，在上海一幢二十二层楼上，一个十四岁的初二女生因一门考试没及格压力太大而纵身跳了下去。据学校和家长说，这女生最近刚入团，情绪还挺好的，想不通她为什么要自尽。

儿童节刚过，欢乐还在耳畔，就出这么一个意外，让我心惊。以我有限的阅读视线所及，在儿童节前后，几乎大大小小的媒体都在以“让儿童快乐”、“期待幼苗长成大树”、“关心儿童睡眠”、“减少儿童作业”、“给儿童提供一个安全清净的环境”等为内容，进行各种评论和阐释，从一个个侧面提出对少年儿童应当关心的事，这些我都赞成。但是，我认为一个平时表现很不错的女孩子，仅仅因为一门功课考得差了，就轻生，其实是在提醒人们：现在更紧迫的是，对青少年的心理教育！

在一个没有政治压迫、普遍自由的社会里，人们依然把生命当作可以随心所欲抛弃的东西，是一种极大的片面甚至荒谬。生命于人只有一次。人们为了创造，为了赢得幸福，为了取得美好未来，拥有生命是最最重要的前提。珍惜自己和他人的生命，理应是我们社会里每个人必须具有的意识。与生命相比，权力、财产、荣耀甚至爱情，均显得微不足道。让少年儿童自小懂得珍惜生命，甚至珍惜在地上爬的蚂蚁的生命，日长时久，心里也就会变得善良，至少与暴戾、阴险、凶残会有十万八千里之遥。

没有一个人的一生会风平浪静，毫无挫折。让青少年有一种不回避挫折、不害怕失败、不在乎失意、不沉迷失恋之类的心理意识，会使他们的未来变得格外坚韧刚强。社会发展的多元、人际竞争的激烈，都是不可避免的，哪能在青少年今后漫长一生中铺的都是红地毯呢？我们成年人可以回顾一下自己走过来的路，无论是求学（学生生涯中的各种考试、求学中遇到的各种困惑）、求婚、求职、工作、日常生活中，恐怕“不如意事常八九”。凡是没有受挫折的心理准备，一旦碰到在别人看来不过是芝麻一点的小事，即被击倒在地，就像上海这位花季少女，为了一门课考得不好，就轻易厌世，岂不是教训太过深刻?

青少年时代，纯真，在人的一生中占据最大的容量。鼓励他们乐于做好事，多去做善事，让他们始终有一种积极、乐观、开朗的心态，是有利于他们高尚品格的形成的。多做善事，做一点身边举手之劳的好事，就能留给别人春天般温暖的感觉，也让自己的心态产生质的渐变。比如，坐公交车给老弱病残让个座、在社区里对困难群众伸出援助之手、在公园碧绿草坪里拾起别人乱扔的废纸、给问询的路人善意的答复等，虽然都是些微不足道的小事，但至少使社会重视对善良、友好的追求，也陶冶了青少年的一种文明情操。

心理教育的重任在父母、师长、各类媒体身上，而父母肩负的责任最重，父母没必要也不应该给孩子在学习上施加太多的压力，一定不要把自己想实现而未能实现的愿望让孩子来实现。“天高任鸟飞，海阔凭鱼跃”，让孩子在愉悦和轻松气氛中成长，才会出现真正的攻无不克的新一代。

## 》“磕头机”情思

到了向往已久的大庆，除了看到碧蓝的晴空、明净的水洼、笔直宽阔的大街、鳞次栉比的楼房，映入眼帘最多的，是高高挺立的铁架所支撑着的橙黄色长臂在上下摆动的机器。这是一种大型采油机，石油就是靠它们一叩首、一抬头不停地从地层深处采掘而出的。当地群众把这种采油机叫作“磕头机”，一个十分生动而通俗的称呼。

长久地凝视着“磕头机”，我禁不住浮想联翩。

据了解，大庆有三万多台“磕头机”，遍布于大庆人生活、工作、休闲的每一个角落。

大庆本是一片荒原沼泽地，四十多年前，以王进喜为代表的中国石油工人在这儿勘探、开采出石油之后，各种各样的建筑就在“磕头机”周围立了起来，逐渐形成了大庆市。大庆人对“磕头机”情有独钟，是十分自然的事。就是靠着它们，四十多年来为国家抽出十七亿吨原油，上交国家利税达一万亿元，出口创汇五百亿美元，使我国甩掉了“贫油国”的帽子。“磕头机”的伟大贡献，正是大庆人的真实写照，正是中国工人阶级自力更生、奋发图强的形象再现。

“磕头机”一年到头，不管刮风下雨、不管炎日冰霜，不分白天黑夜，不论地处闹市还是在荒僻水洼，总是一刻不停地在奋力工作。一台“磕头机”，要由电动机、减速器、曲柄、连杆及游梁等许多零部件组成，在地下一千多米深处，由深井泵采挖，经抽油杆使柱塞往复运动，地上看似并不复杂，实际上是一个有机的严密的复合体。三万多台“磕头机”每天在有条不紊、井然有序地辛勤劳作，集中体现出了“当老实人、说老实话、做老实事，严格的要求、严密的组织、严肃的态度、严格的纪律”的大庆精神，令人肃然起敬。

面对“磕头机”，我不禁想到，如果把广袤而富庶的大地比作母亲的话，地底下的石油自然就是母亲的乳汁。作为大地之子的我们，就是在一刻不停地、不断地得到母亲珍贵的乳汁的喂养，因此，“磕头机”形象地表现了我们真诚的良知，我们理应向大地母亲“磕头”，这自然是一种感恩。是的，我们不应该对大自然的慷慨奉献忘恩绝情啊！

最近，大庆人在格外珍惜、更好利用与保护石油资源方面，拉长产业链、搞好油气的中下游加工，使大庆精神增添了更深刻的内涵。

离开大庆时，我久久地凝望一上一下劳作着的“磕头机”，它们在阳光和鲜花丛中向人们挥手。我，不由自主地低下了头，是致意，也是沉思……

## » 与友聚记

秋高气爽的一天，几个友人相聚，都已进入生命之秋，也就在开怀畅饮时开怀畅叙了。友人甲说："我喜欢电影演员赫本，透出了全身的美，她的秘诀是：若要优美的嘴唇，要讲亲切的话；若要可爱的眼睛，要看到别人的好处；若要有苗条的身材，把食物分享给饥饿的人；若要优雅的姿态，走路时记住还有别的行人。"友人乙一生并不安稳，但他却活得有滋有味，他说："自己坚信一点：在人之上，要把人当人；在人之下，要把自己当人。这样就不会媚上欺下做宠物狗了。"友人丙一贯爱幽默，所以夫妻感情很好，他说："我和太太结婚三十多年了，上街时总手挽着手。当别人羡慕我们感情真好时，我悄悄说，不能松手啊，一松手，我太太准会去买东西。"友人丁一辈子喜欢美女，他总结说："做朋友时，女人让男人心痛；做妻子时，女人让男人头痛。反过来，做朋友时，男人让女人头痛；做丈夫时，男人让女人心痛。"

嘻嘻哈哈之间，不觉说到人的情趣这个问题上了。友人乙说："人情味加上生活趣味，使一个人生活变得丰富多彩，这就是情趣。我觉得人活一世，这实在太重要了。那些一门心思往上爬的人，得看人脸色说话，深夜赶去送礼送钱，为了打垮竞争对手不惜昧去天良，那种人生活里把升官当成唯一目的，升了一级又挖空心思再要升……其实活得很可怜。"

友人甲说："有情趣的人会有颗可爱的童心，这是抵制精神衰老的法宝。我喜欢用儿童的心态去观察世界和待人处世，所以我不会去沾染吹牛拍马、趋炎附势、钻营名利、弄虚作假之类的世故，我要童心，不要野心和小人之心。"

友人丙说："忘记自己的身份、地位、权力、财富，让自己进入无我和忘我境界，情趣就会跃然而出。"

友人丁说："以前把无情批判、专门整人奉为积极、觉悟高，现在看来社会上这种人多了，道貌岸然就多起来了。"

分手时，我们几乎都认为，找点闲暇、积点闲钱、忙里偷闲、来点闲情、名利等闲视之、安心做个等闲之辈，人的情趣就不会衰减，就会越活越有滋味了。

## » “这一个”与“这一群”

现在，许多地方都在想方设法招商引资，或是大显“水泥森林”，以示繁华；或是热情接待，以示好客。然而，从一些地方引资的实际效果看，不大理想。原因何在？我们先不妨从投资者的角度来看这个问题。

有这样一则新闻，发人深省。有位商人在浙江某县留宿，晚上叫了一辆三轮车逛一条长街，说好价钱五元，可他在逛街时用了许多时间进店购物，逛完这条街差不多用了一个小时。商人给车夫十元钱，但车夫说拉车的路程没有增加，不能多收一分钱。商人十分感动：“没想到连车夫都这么讲道德、守信誉，这里的投资环境一定不会差。”不久，这位商人将五千万美元的投资带到了这个县。

这位商人作出投资的决定，听起来好像有很大的“随意性”，仔细分析却又有着某种“必然性”。在他看来，在这个县城随机遇到一位三轮车夫就这么讲诚信，无论是从个人对这个县城的良好印象来看，还是从经商的经验来分析，一般地应该得出这样一个结论：这个县城有良好的人文环境，在这样的环境里投资成功机会较高。

在人们的社会交往中，第一印象十分重要。对于一座城市来说也是如此。我们到了一个陌生的城市，当然不可能与全体城市居民打交道。我们所遇到的某一个人的行为举止，在感受中，就往往代表了这个城市的一群人，甚至就是这个城市的形象。这位商人便是通过三轮车夫“这一个”，而看到了这个城市以及这个城市里的“这一群”。由此看来，一个人的形象、表现是否文明，有的时候并不仅仅代表他“这一个”。我们在有些地方看到，垃圾痰迹到处都是，骂人打架随处可见，与遇到的什么人交谈，好似借了他的钱没有还，不是粗暴无礼就是脏词、白眼，人们往往就会通过“这一个”留下“这一群”不怎么样的印象。这样的环境当然就会影响到招商引资的效果。

民风连着政风。民风不振，往往反映出政风不清。民风淳厚、品位高尚，在很大程度上也说明这个地方的政风清纯。人们也正是通过民风而识政风的。在一个地方，人们“不拿白不拿、拿了也白拿”，强抢强要习以为常，吃拿卡要变本加厉，那么，无论是鲜花开遍地、高楼耸云天、车辆似流水、夜夜有笙歌，都会让人不愉快、不舒心，谁又会下决心投放大量资金呢？

古人云：“汝果欲学诗，功夫在诗外。”招商引资也是如此。为吸引投资，各地出台优惠政策，做出友好表示，固然必要，但同时也应致力于良好投资“软环境”的营造，把功夫下足，把事情做实。实践证明，重视人文环境的打造，不仅会给招商引资带来实实在在的、事半功倍的效果，也会给一方百姓生活带来便利、舒适与愉悦。就我们个人而言，不仅要从个人形象的角度，更要从城市形象的高度来注重自己的行为举止，致力于提高自身的修养，保持良好心态，多给人“阳光灿烂”，勿以善小而不为，勿以恶小而为之。如此，才能更快更好地促进地方的经济和社会发展。

## » 拒绝无聊

报载，电影《绿茶》在某市首映前举行了新闻发布会，有位女记者问姜文：赵薇是不是符合他心目中理想的情人标准？姜文用平静的语调反问她："你觉得这个问题很有意思吗？"那个女记者嬉皮笑脸地说：大家对这个问题感兴趣。姜文于是以教训的口吻说："那我就是不想回答你！我已经四十多岁的人了，你也比我小不了多少，这么大的人还问这么幼稚的问题！"当时这名女记者有些什么反应，是害臊还是恼羞，是厚着脸讪笑还是若无其事，笔者不甚清楚，但是可以相信当时的场面一定十分尴尬。

对于姜文的传说，我听过一些，无非是霸气，不大好接近，对记者不大客气等。我虽也做过多年新闻工作，但未采访过他。当看到上述这则新闻之后，我却认为，姜文说得对，理直气壮，我甚至认为，姜文的话语还过于温和，因为提这种问题，不光是"幼稚"，而且是"无聊"。现在有不少记者，老想挖出点别人的隐私，制造一些哗众取宠的文字垃圾，传播点令人作呕的绯闻、传闻、臆想甚至杜撰的小道消息。姜文严词拒绝回答无聊的问题，这种对记者的不大客气，其气度值得赞赏！

按照正常的逻辑，既是《绿茶》的新闻发布会，记者自然应环绕该影片的社会价值、艺术成就、演员演技，甚至是姜文、赵薇在此片与其他片子中演技的高低比较之类进行提问，这才是正常的；如果偏离正常，这是一个有起码的职业素养的记者所不屑的，至于以自己之心来硬加于人的咄咄逼人的隐私话题，或强人所难，或意图让人出洋相，或企图用低级庸俗的提问来套出别人的隐私，然后大肆渲染做文章，误导读者，又哪里仅仅是“幼稚”便能做得出来的呢！

翻翻目前的报纸，娱乐版特别兴旺，成了报纸的主要卖点；而现在不少的娱乐记者似乎专门盯在“情人”、“情变”、“情困”、“情陷”之类的内容上。我有时不由得想，难道这些记者的脑袋瓜子里就只有那么几捆草么？就只能靠这类即使在性开放的国家的娱乐报纸里，有点正义感和真本事的记者都不齿、不屑的东西来支撑吗？

有些演员害怕记者制造一些对他们不利的舆论，所以采取避让、委屈自己的态度，目的是求记者笔下生花，写自己一些好话；有些已有成就的演员，则不大愿意见记者，因为现在有的记者，真正的艺术鉴赏水平并不高，探讨艺术水平的不多，有的连一些起码的常识都不懂。难怪有的演员要对记者说，你没看过我的若干作品，你就别来采访我。他们深深地明白，真正的艺术家不是靠几篇吹捧文章能树得起来的。像姜文那样，碰到上述无聊袭击，说她几句，自然是无可非议的；而对于其他记者而言，如果不想受姜文这样的教训，就得在提高自身的品位上多下点功夫。

## » 亿万富翁何以拔刀相向?

温州亿万富翁周祖豹被杀案在温州市中级人民法院公开开庭审理，温州籍亿万富豪王伟坚等七人被温州市人民检察院指控涉嫌故意杀人罪、故意伤害罪，杨瑶信被指控涉嫌窝藏罪。

温州的三名儿时伙伴，一起创业，并在北京闯荡成为亿万富翁，只不过因为一次商业合作的不和，而且也就涉及他们资产的百分之二，竟反目成仇，制造血案，让人感慨唏嘘。案件最后怎么审结，有法院在，无须置喙，但通过这件命案，我以为值得引起一番思索的是，某些企业家和老板凸显的素质上的缺失，确实不可小觑，至少下述三点教训今后值得吸取：

须轻家产庞大，重伦理文化。伦理文化就是与人相处的道德准则，是人的行为价值标准，其核心是爱国守法、明礼诚信、自律自强、操守为重。重伦理文化也就是重在提高自身的道德素养。近二十年来，相当一批发家致富的人，为了拼命赚钱发家，对于伦理文化的重视显然不足，他们似乎并不明白发家究竟为了什么？为了使家产庞大，他们可以舍弃起码的“为人谋而不忠乎，与朋友交而不信乎”这类明理诚信的立身之本。应该说，金钱泯灭一个人的良知，不是金钱的错，是人的错，是一种无限崇拜金钱的心理才扼杀了人的良知。据一项对美国三百万个富翁的调查表明，其成功秘诀中占第一位的是诚信。现实生活中之所以不断出现丧心病狂的假冒伪劣、坑蒙拐骗，为夺取利益不惜以身试法的现象，都是因为只知赚钱、抛弃诚信、扼杀良知的缘故，这种凸显的缺失是无法使企业家向优质的层面发展的。现在浙江有不少企业家一方面在重视企业的良性循环，另一方面抓紧一切时间自学、读MBA，目的是提高自身素质，这是十分可喜的。

须轻义气，重正气。多次听说温州人是讲义气的，笔者有幸去温州几次，发觉那儿人多地少、面临大海，台风、海潮等自然灾害较多，为了生存，需要众人齐心协力以谋取利益，于是形成了人与人之间在利益一致下的互助合作、一方有难多方相帮的风气。如今令各地又喜又慌的“炒房团”，只有温州人才能组织得起来。然而，义气之类毕竟敌不过利益，只讲义气、不讲利益，显然违背生活实际。利益上出现纠葛，马上翻脸不认人，甚至当面露笑脸、背后动刀子，必欲置对方于死地而后快的事层出不穷。亿万富翁的命案也恰好证明了这一点。不仅是温州人，无论是哪里人，在交往中光相信义气，最终要吃大亏。人与人之间交往，还是要靠正气，就是做光明正大的事，讲诚信、讲原则、讲正直，不搞口蜜腹剑、下绊子、施暗箭那一套，这样才会事业旺、朋友多、心欢畅。

须轻出气，重法纪。在事业发展过程中难免出现利益分配上的矛盾，解决这类纠纷，只能借助法纪，而不能为了“出气”去做无法无天的事。有些人自以为有钱有势、路子宽，门道多，为了出气，暗地里图谋伤害，以为神不知鬼不觉，“有钱可使鬼推磨”，其实这是给自己挖下深阱。人的智慧确能创造奇迹，但是智慧永远也填补不满道德的缺陷和逃脱不了法纪的惩罚。所以，法国一个哲学家说得好：自爱比世上最精明的人还要精明。

愿温州亿万富翁之间仇杀案的教训，能给许多人留下一个明镜。

# » 重赏之下

前不久，杭州市公安局在全市悬赏捉拿逃犯，赏金不亚于一个职工半年的收入。这自然不是坏事。公开张了榜，逃犯的照片、名字、年龄及罪行公之于众，不久即纷纷落网，其中确有不少是别人举报、提供线索的结果。在没有重赏时，这些逃犯逃窜在外， 长达几个月甚至几年未能缉拿归案。可见，重赏之下必出勇夫，这句老话还是管用的。是不是一重赏就贬低了群众的觉悟呢？我看不是。拿赏金并不难为情。没有物质利益，多一事不如少一事，不能说有多少错；提供线索之后，抓住了逃犯，立下了一功，去领重赏，这是一举几得的好事。如果这也算觉悟不高的话，那么悬赏捉拿逃犯，岂不成了觉悟低下的做法了吗？多少年来大家似乎忽视了一点：藐视或无视人有求利的动机，从根本上看是违反人性的。

然而，重赏之下，并不是万事皆灵，也有重赏之下出不来效果的。比方说，重赏之下出文学艺术或新闻作品的精品，就大有疑问。有的人出钱搞的形象宣传及策划出来的“新闻”，金额不少，然而生命力只能以天数计。有些获奖的文学作品，作者倒是踩着红地毯进入庄严的场所去领奖，媒体宣传刚告一段落，他的获奖作品就烟消云散没人理会了。有的杂志出十万、二十万，甚至五十万，悬赏精品佳作，引得读者翘首等待，结果评下来的不是“待缺”，就是让读者大倒胃口，对这类评奖反而产生了狐疑。可见，重赏之下未必出得来精品。

重赏之下出得来俊杰吗？现在话剧舞台上真正叫得响的，据说还是曹禺、老舍的《雷雨》《茶馆》等精品，于是，有关部门出资几百万要培养新一代的曹禺、老舍，这个用心不可谓不良苦，也实在是功德无量的大好事。只是我想，曹禺、老舍当年写这些剧本时，未必考虑要进入文学史，要成为经久不衰的演出保留节目，更不是靠多多的钞票作为原动力的。人民币绝对堆不出真正受大众欢迎爱戴的艺术家，老舍、曹禺的本事，不是靠闭门读多少中外剧作所能够学得到的（尽管中外剧作是要读的）。要想靠钱催化出大艺术家，乃天方夜谭。

重赏之下必出勇夫，没错，不过，勇夫是不是办得了要办的事，得看具体情况。凡急功近利，马上要出彩的事，重赏之下很有可能会出预期的效果；而在精神领域内，心急吃不了热豆腐，要靠多种因素的综合才能出得来成果，重赏之下依然无济于事。

谓予不信，请不妨在生活中比照比照。

## » 俄查海外别墅有感

报载：俄罗斯中央税警已奉命清查俄罗斯新贵们近些年来在海外购置的不动产，中央税警手里有一份二百九十八位俄罗斯新贵在西班牙购置不动产的名单，其中一在校大学生名下有一套价值二十万美元的别墅，还有一位经济并不宽裕的工程师也有一套豪华的海边别墅。俄方一再声明：国家无意褫夺公民的私有财产，但是这些在海外拥有不动产的人，必须向国家证明他们的收入是合法所得，而且必须照章纳税；并奉劝那些用假名字或文件在海外购置不动产的人，不要和国家开玩笑，不要自以为聪明。

有本事的角色能在海外弄到别墅，或能住进几百平方米的最新式的跃层建筑，或有权给儿女甚至给孙子弄到房子者，我对他们口头上冠冕堂皇的那一套，除了觉得虚伪狡诈外，心里无非生出一层感叹：俄罗斯的形象大多败在这帮家伙手中。

不过，我倒觉得，俄罗斯处理这些腐败事件，似乎颇有奇招。

“奉命清查”，很明显是国家行动，否则根本无法去查，想查也查不出什么来的。凡是国家下了决心，就好办。即使有对策，也敌不过国家的长矛尖锐；怕就怕只查一般的，不敢查特殊的，如“新贵、高干子女、有高级职务的”等类；动了真格肯定会有意想不到的惊讶。自然，一般的有问题，也要查，现在往往牵丝攀藤，一般的附着特殊的。

“手中有一份名单”，说明不打无准备的仗，既然要动真格的，就要事先做好充分的调查研究，证据在手，成竹在胸，一举击溃。否则，新贵们或是抵赖，或是装孙子，或是顾左右而言他，总之不会痛痛快快地认账。加上倘有人通风报信，里应外合，或让新贵逃逸，或为新贵准备好遁词，事情就要麻烦得多了。

“证明收入是合法所得”，这一招实在是高。凡是说不清财产来源的，可以肯定非贪即赃；凡是收入和支出远远高于其职务收入者，肯定有猫腻，这一招简直是贪官与清官的试金石。大凡工薪收入者，在海外能用美元买下别墅，只能是天方夜谭。

“必须照章纳税。”退一万步来说，即使巨额财产来源正当，也还有一个纳税的义务。俄方为国家利益想得十分周到。

“用假名字或文件。”这也是贪赃枉法者惯用的伎俩。有多本护照、有多个身份证、有多国信用卡，用来为自己变色，达到肮脏的以假乱真的目的。

“不要和国家开玩笑，不要自以为聪明。”这是严正的警告，严肃、严厉，没有丝毫讨价还价的余地，代表了国家的尊严，正气凛然，令人钦佩。

俄方一查海外别墅，新贵乱了阵脚，因为此辈意识到末日的临近。读报读到这里，令人心中一快，自然也不免令人浮想联翩、感慨系之。

## » 傍权·傍款·傍吹

“丞相祠堂何处寻，锦官城外柏森森。”到成都的人，都不会不去“武侯祠”一走。1964年陈毅副总理参观“武侯祠”后，题词道：“少时读三国志及杜诗，仰慕诸葛孔明之为人。稍长就学成都，游武侯祠，则昭烈墓在其侧。人们敬慕孔明反胜昭烈，其故何也？余意孔明治蜀，留有遗爱，千秋公论，不随时俯仰。其实若人不能自立，欲依附光泽以自显者，其速朽必矣!”有意思的是，不久，陈毅又把题词要了回去。1980年，张爱萍将军重新书写了陈毅这一题词，悬挂在如今“锦官城”外的“武侯祠”内。

毫无疑义，陈毅的题词尖锐深刻，针对性很明显。我以为，当时元帅之所以要收回题词，是不是考虑到林彪正“造神”，炙手可热，形势并不有利于直谏之故？当新的历史时代到来时，元帅已驾鹤西去，他的老部下、深知元帅秉性的张爱萍将军重新书录这则题词，恐怕一则是让人民知道有这么一段历史，二则是想还历史人物一个真实，三则是让后人深长思之，借古以鉴今。

反复体味陈毅题词，越读越觉得有味道，特别是最后一句，鞭辟入里。所谓“依附”者，乃依赖、从属、仰靠之意也，也就是现在很通用的“傍”的意思。“依附光泽以自显者”，在如今生活中并未绝迹，可以看得到的至少有三种形态：傍权、傍款、傍吹。

傍权，即傍靠掌权者或上级。这类人都是实用主义者，在他们看来，民主选举、群众推荐、组织考察等，有时就是敌不过掌权者的一句话，“顶头上司说好话，谁也无法拉下马”，所以只要靠准了、拍对了，哪怕实绩平平，群众有多少非议，照样提拔，步步高升。而且这些人平时不露声色，头脑却异常灵活，一旦背靠的官易位，马上就可以变脸迎新。他们惯用的手法无非是顺着靠山的需要，一拍二谄，马屁拍得何惧别人肉麻，只要达到自己的目的。

傍钱，即眼下常见的傍大款。无论是靓丽小姐，还是有几品顶戴，只要见到有钱的款爷就傍上去，不计名分，不顾廉耻，一心只为了从人家鼓起的钱袋中弄点油水。

傍吹，实质上就是“弄虚作假，扩大影响”。所谓“干部出数字，数字出干部”，就是傍吹的结果。有的地方，出了一本谁也看不懂的小说，编了一部平庸的电影，侃出几集淡如水的电视剧，就有人吹得天花乱坠。反正吹牛不犯法，让人上当概不认账。自己吹、雇人吹、给点甜头让人吹，花样百出，层出不穷。

傍权、傍钱、傍吹虽各有侧重，但它们也还是互为利用、互为因果关系的。凡傍权者，无不爱傍钱、傍吹；傍吹者，归根结底也还是为了捞钱、争权；傍钱者，固然也有傍不到权退而求其次之苦，但一旦可以用钱换权，傍钱者也会毫不吝惜。然而，“欲依附光泽以自显者，其速朽必矣!”陈毅这一警世名句，已被无数事实证明千真万确。林彪自不消说，一切靠“三傍”以自显者，最终能有几个长得了？

说到底，人总是要朽的。欲想不朽，不是轻易能达得到的境地；避免速朽，多数人倒是可以认真做得到的。

## » 理解·宽容·诚信

生活中，难免出现难事、尴尬事。如果妥善处理，则有利于改进人际关系，促进社会和谐。

家在浙西农村的徐金莲，在杭州的戚连进老人家当保姆，戚连进因行动不便，常年需要人照顾。去年，徐金莲没有回家过春节，今年就想回去，但又放心不下老人一人在家。后来，戚连进出了个主意，愿随保姆一起去她的家乡过年。这让徐家人十分开心。徐金莲的丈夫每天专门去村委会借报纸给老人读，她的小孙子、小孙女也常围在老人身旁逗得他乐个不停。老人行动不便，徐家人轮流扶着他去村里散步。老人高兴地说：你们待我真好！而徐金莲则说，还是您对我们好。当年她家里建房子欠了债，老人一次性预支给她三年的工资，她小女儿到杭州工作没地方住，老人让她母女俩同住在他家。

——互相理解，将心比心，难事不难，人与人之间的关系也变得亲善。

杭州一所高校的陆老师在茶馆丢了皮包，里边有现金和几张银行卡，重回寻找，服务生说没看见。他一边报警，一边承诺：谁找到皮包，把包里的卡和身份证归还就可以了，并留下手机号。在等警察到来时，陆老师的衣袖被服务生拉了一下，说会不会包被人丢在对面包厢楼下？陆老师从服务生游移不定的眼神中，意识到这是某种坦承的方式。他来到楼下，果然找到了皮包，现金不见了，其他都在。他回到楼上，警察在问话，陆老师说包找到了，钱也找到了。他后来说，如果我说现金不见了，服务生肯定麻烦大了。他后来陆续收到同一号码的短信："谢谢你，让我明白了做人的道理。""我捡到一只皮夹，把它交到了总台，还贴上了寻物启事。"陆老师表示，这个年轻人的进步，让他高兴。

——陆老师的宽容，阻止了一个青年的滑落。不可否认，有的人恶习难改，面对别人的宽容，或狡赖或不知悔改，也还是需要别的方式来配合教育的。但宽容别人的过失，珍惜和保护别人的尊严与隐私，恐怕是增进人际和谐的良方。

有个出租车司机，乘客遗失两万多元钱在车上，他便专程去报社、电视台找失主。本来失主不知道他的车牌号，是没办法找到这笔钱的。然而，当失主拿到钱时，却当着众人的面连数了三遍，还拿着有的票子对着阳光照照怕是假币。司机当时十分委屈：数一遍还不够？我要换几张作弊，何必全数还你？失主的这些动作、这些细节，无疑伤害了这位司机的自尊。

——人与人之间最重要的是诚信。司机诚实，失主也应信任。而失了信任，就会造成隔阂。有则祝福短信说得好：“以真诚为半径，以尊重为圆心，送你一个圆圆的祝福：愿爱你的人更爱你，你爱的人更懂你；想你的人更想你，你想的人更近你。”人与人之间有了这样一份尊重，这样一份真诚，和谐就在你我身边。

## » 喜见文明语言的延伸

在洛阳一个牡丹园里，游客又是赏花，又是挤在鲜花中拍照，牡丹丛中有几个提醒词：“艳丽花朵，大家喜爱，手下留情，常开不败”而杭州的公园和街道的草地里则有“脚下留情，地下留青”的文字，颇令人回味。在绍兴一个公厕内则有“来匆匆，去冲冲，身心好轻松”的语句，让人觉得幽默有趣。

二十世纪八十年代初，不少地方要求人们在与人相处时要多使用五个常用词：“请、你好、谢谢、对不起、不客气”，这受到人们的欢迎，说明人民群众对和谐、文明言行的一种普遍要求。尽管口头上常使用这五个词仅仅是起码的要求，但比“国骂”不离口、粗俗不嫌丑要好出不知多少倍。

随着改革开放的深入发展，人民生活水平的提高，社会交往的不断扩大，文明语言在许多地方发展延伸，引起了人们普遍关注和热情赞赏。这是因为温情的语言、幽默的警示，容易为人所接受，达到潜移默化的劝导作用。那种强制式的语言，即使是做治安宣传，也达不到化解矛盾、解决纠纷的实效，结果往往不佳。

杭州有一家丝绸企业，以前总是张贴着“迟到早退罚款，旷工三天开除”之类的标语，其实起不到多少作用；现在他们贴出“今天工作不努力，明天努力找工作”的横幅，强调热爱本职工作的重要性，既是劝导，又是提醒，对不安心第一线生产劳动的职工起到了教育作用。

文明用语还可以激励群众齐心协力去实现理想。在苏浙皖交界的老区有个村子，原先是“耕地靠牛，照明靠油，电话靠吼，安全靠狗”。新任党支部书记在决心改变旧面貌的同时，努力提升村民的语言文明水平，在带领群众修路的同时，村里黑板报上用大字写着：“全村致富先修路，多养猪来多养菇；一家有事大家帮，有了纠纷先讲和；适龄儿童去念书，家家户户栽果树。”全体村民齐声称赞，并且成了自觉行动，这个村子发生了很大变化。

一句话可以说得人笑，一句话可以气得人跳，关键在于是否尊重对方。平等的态度、亲切的语言，才能让人心悦诚服。人有了高兴的心情，才会努力工作。杭州有一家美容美发店在开张之日，贴出了一条横幅：“第一次不进来是你的错漏，第二次不进来是我的错误。”该店不用自吹自夸的广告来吸引客人，而是提出如果你来了后觉得上当、不值，那就是我们店的错误，这种特殊的表述很受欢迎，结果是顾客盈门。

一个文明的社会，离不开文明的语言。生活在文明的环境里，人们会有一种幸福感。文明环境，会孕育出更多文明言行，让文明得到延伸和升华。

# » 思想形成人的伟大

## （一）

马戏团的骏马、狮虎、猿猴、大象，随着音乐节拍翩翩起舞，憨态可掬，赢得掌声不息、笑语不绝。不过这些动物的表现并非是自觉的行为艺术，它们是经过驯兽师长期驯化的结果，是一种习惯性的条件反射而已。可以说，再聪明不过的鸟兽，也比不过愚笨透顶的人，其根本的区别在于一个：思想！

人有思想，只有人才会有思想。“思”是动脑筋，“想”是考虑、探索、预测、谋划、回忆、推断、联系。“思”和“想”合起来，是人对世界、对人生的认识、判断与结论，这些通过大脑的系列运作，使人终于摆脱了动物的本能，比世间任何哺乳类、灵长类动物都要高明。正是因为人会产生思想，所以，人才可以主宰世界，掌管地球，甚至制造出火箭、飞船，超越地心引力，去探寻外在空间。

人的思想是从哪里来的？有多种说法，皆符合形式逻辑里规定的“充足理由律”。最为著名的也是最为权威的一个说法是：人们的社会存在决定人们的思想，人的正确思想只能从社会实践中来，只能从社会的生产斗争、阶级斗争和科学实验中来。抽象地看，谁也不敢判定此说法有什么疑问。不过，才过去近半个世纪的“文化大革命”，是“阶级斗争要年年讲、月月讲、天天讲”所得出的完全错误的思想导致的一场大乱。新中国成立以来，阶级斗争所导致的种种思想（什么“胡风反革命集团”、“反右”、“反右倾”、“利用小说反党，是一大发明”等）统统是错尽错绝。在这些思想的主宰下，中国人民过着贫困的生活，国家落后到一塌糊涂，于是志士仁人要坚决地搞改革开放、吸引外资、吸引世界先进科学技术，“一国两制”，这些在原先都没有经过什么“社会实践”，都是“摸着石头过河”，一步一步摸索着、修正着走过来的。可以说，新中国成立以来，是从给中华民族许许多多痛苦的体验中得出的“发展才是硬道理”，发展经济才能使国富民强，封闭只能落后，落后就要挨打，改革开放与世界交流，向世界上多民族学习一切优秀的文化、坚决摒弃阶级斗争学说，彻底否定“文化大革命”等思想，是符合实际国情的。这一系列深刻且被实践证明行之有效的认识，无不是仁人志士经过多年痛苦体验得出来的。

否定必须否定的、肯定应当肯定的，才是真正的辩证唯物主义的认识论。

（二）

据说，世界上的花有自己的个性。有的能结成果子：大的、小的，红的、黄的、绿的、白的；有的一年结几次，有的几年结一次；有的甜、有的酸、有的苦涩。有的花不能结任何果子，可是开得十分艳丽、多姿多彩，叫人爱不释手，如玫瑰花、月季花、郁金香等。结果子的花，总是默默孕育、成长，用自己所有努力，滋养着果子的成长。而不能结果子的花，始终怀有装点世界的美好意愿，以一种快乐的身姿来绽放自己全部的美貌、快乐和靓丽。

花使世界有了夺目的光彩，有了无比的喜悦，有了丰收的节庆，花是欢乐的，也给世间、给人类带来了欢乐。

正因为是欢乐的，所以，就有了一种责任，无论是结果，还是绽放。

## （三）

法国著名的数学家、物理学家和思想家帕斯卡，虽然只活了四十岁，可是他除了在数学、物理学上有自己的贡献，在哲学上同样有超乎寻常的思想。他有一句著名的话：“人只不过是一根芦苇，是自然界最脆弱的东西，但他是一根能思想的芦苇。要摧毁他，无须全宇宙都武装起来，一股气、一滴水，都能置他于死地。但人依然比摧毁者高贵，因为他知道死，知道宇宙对他所具有的优势，而宇宙却毫不知道。我们的全部尊严都在于思想。”

其实帕斯卡在这句著名的话语前边还有一句掷地有声的话：“思想形成人的伟大。”进化论认为，哺乳动物进化为人，人之所以区别于哺乳动物就在于人有思想，有了思想才会制造工具，改变世界，在这过程中，同时丰富着思想。一个人没有思想，就蜕变回去了。

人之所以高贵，不仅仅是能够征服客观世界和大自然。在一个日益物质化和喧嚣的时代，在一个“娱乐至死”，“读图”，追求浅、露、裸、粗和金钱至上的社会，严肃认真地思考，成了十分可贵、稀缺的行为，思考的成果自然成了珍贵的启示与思想的结晶。

思想和责任有关，一个没有思想的人，自然也担负不起任何责任。

思想可以形成人的伟大，那是因为这个思想和所有担负的责任成正比关系。一个专靠说大话、空话的人，其思想肯定是浅薄的、内在是空虚的，也别指望这样的人能肩负起什么责任来。

一个靠说假话、谎话来搪塞、欺骗民众的人，其思想深处藏着什么诡秘，也许一下子不易察觉，但不准备负起责任是断然的。

我们应该而且必须追求尊严，我们不能忍受别人蔑视、鄙视或轻视，因为人的全部幸福在于实在地得到了尊重、尊敬。

因此，让我们敢于寻找真知、真理，担起责任，不受任何的蒙蔽，排除一种非分欲念，从实际出发去对客观存在着的事物进行思索，得出自己的想法。这样，你必定会受到尊重，你必然会获得一份尊严。

让我们时时回味一句话：

伟大的人物讨论思想，中等的人物讨论事件，小人物讨论人。

（四）

当我们遥望渺渺的深邃星空，面对广垠无边的金色戈壁，敬畏高耸入云、银顶闪烁的雪峰，喜爱繁花似锦、青翠连绵的大地时，我们都会想起什么?

当人们高擎起由艰辛努力而获得的奖杯，当人们欢呼运动健儿又夺取新的战绩，当环绕丰盛的菜肴一家人团团围坐时，当人们走进曲院风荷欣赏迷人风景时，我们又都会想到什么?

法国大作家雨果说："世界上最宽阔的是海洋，比海洋更宽阔的是天空，比天空更宽阔的是人的胸怀。"他又说："世界将属于两种人：思想的人和劳动的人。实际上，这两种人是一种人，因为思想也是劳动。"我们每个人都会思考，有的想得多，有的想得深，有的想得细，有的想得玄，总之，拿起思想的果壳，敲开，然后心满意足或心有余悸地咀嚼，反思……

但是，我们最该思索的是，在我们生活的社会里的人文情怀，我们所处的社会里的生存价值。

人是社会的人，离不开社会。人在社会生活中，与许多个人结成网络关系，谁也离不开谁，谁都需要对方彼此的协作、和谐、沟通，形成了感情，这个感情是平等的、相互的，也是有尊严的。

然而，人们常常苦恼的是，这本来正常的和谐，得来往往并不容易。于是，引起了思索、摸索、探求。

于是，分娩思想才格外珍贵，责任也就更为重大。

## » 兰亭国香

江浙民间有这么一句话：“庭院长兰，有福无灾。”在中国的词汇中，与兰花组成的词，成了一切美好事物的指称，比如：兰交（喻知己）、兰藻（文词雅丽）、兰客（贵客）、兰芳（喻贤德贤人）、兰宝（芳德居室）、兰章（比作宏文雅章）等。而又有专家指出：兰花全身是宝，根可治肺结核、肺脓肿，能消炎润肺化瘀，全草可治神经衰弱、抗衰老。

兰，叶绿；花，馨香。宋代诗人黄庭坚写道：“士之才德盖一国，则曰国士；女之色盖一国，则曰国色；兰之香盖一国，则曰国香。”从此，“国香”成了兰花的代名词。

前不久步行在山阴道上，一股清香直扑鼻翼，是兰花的幽香。朋友告诉我，兰花是我国传统的名花，绍兴是养兰最早的地方，尤其是春兰，那儿“崇山峻岭，茂林修竹，又有清流激湍，映带左右”。年平均气温16.4℃，湿度比较大，极适宜兰花生长繁殖。如今春兰的传统品种已发展到两百多种，世代相传种植已过两千年，早在勾践卧薪尝胆时即在兰亭种植兰花。明代徐文长有诗曰："兰亭旧种越王兰，碧浪红香天下传。"鲁迅家也几代种养兰花，鲁迅在《致山本初稿》的信中讲到"我的曾祖父曾经栽培过许多兰花，还特地为此盖了三间房子"。至今绍兴养兰花仍是许多人家的爱好。明朝人方宇在为兰花作传时说，兰亭，在晋朝就有，后来声名大振，是因为书法家王羲之举办了一次文人雅聚活动，曲水流觞，畅叙幽情，并且醉后自撰自书《兰亭集序》之故。

松、竹、梅、兰同称"岁寒四友"，松有叶而失香，竹有节而少花，梅有花而少叶，唯兰独有叶、花、香，是"四友"中的全才、奇才。

古今不少文人，借兰花抒情寄志，如苏辙的七绝："谷深不见兰生处，追逐微风偶得之。解脱清香本无染，更因一嗅识真知。"宋刘克庄则以兰写出人应有的高洁品格："深井不语抱幽贞，赖有微风递远馨。开处何妨依藓砌，折来未肯恋金瓶。"对兰花情有独钟的朱德元帅有《咏兰》："幽兰吐秀乔林下，仍自盘根众草傍。纵使无人见欣赏，依然得地自含芳。"而张学良将军则更是以兰花写出了自己的磊落心境："芳名誉四海，落户到万家。叶立含正气，花妍不浮华。常绿斗严寒，含笑度盛夏。花中真君子，风姿寄高雅。"

兰原产于山谷林下，与草木为伍，虽生于深谷不媚俗，独放清香不争宠，四季常绿表贞洁，绝无争名于市、出人头地的虚妄，素有花中君子的美称。

# » 汉语之妙

汉语中有褒义词、有贬义词。从小学起，老师就不厌其烦地教导我们，对光明的、英雄的、正义的人或事，要用褒义词；对黑暗的、反面的、邪恶的人与事，要用贬义词。从此，我一直异常谨慎地构词造句：倘若在写典型或总结经验或写宣传材料时，用了贬义词，那岂不是自找苦吃！而在讽刺挖苦或鞭笞坏人坏事、不良风气时，我又尽量跳开那些有声有色、光明妩媚、令人喜笑颜开的褒义词，以免立场有偏、感情出错、观点荒谬。由于小心谨慎，几十年来还没有因为文字出现差错而写检讨或被停职之类。当然也有朋友泼冷水说：你写的那些玩意儿根本就没有人关注，也引不起人家阅读的兴趣，与其你做梦娶媳妇——空陶醉，还不如好好反思一下，你的东西引不起波澜，你的文字激不起兴奋，是什么原因！朋友继而指点道：饭桌上都是鱼干、菜干、萝卜干，人人都会厌食，谁都爱吃新鲜的、水淋淋的鲜货。文章要让人一读一激灵，哪怕意思并不多么深奥、观点并不那么新颖，只要语言别致精当，也会把人给抓住，别人也就容易记住你了。

我完全领会这位并非靠文字谋生的朋友的一番话，是在偶读了《格言联璧》中的一则之后。这书本是教导人们要在平时生活中努力去做二十件事，然而作者却大胆地用了二十个点睛的关键词，且多是贬义词。这就很让我大吃一惊。不妨试录如下：以媚字奉亲（要孝敬长辈，多让长辈开心，而“媚”是贬义词）；以淡字交友（所谓君子之交淡如水，对人的感情很淡的“淡”字，显然不算是褒义词）；以苛字省费（即反对铺张浪费，苛者简陋简略的意思）；以拙字免劳（不要自作聪明，结果机关算尽反误了性命）；以聋字止谤（对毁谤如同聋子）；以盲字远色（对女色如同瞎子）；以吝字防口（病从口入，祸从口出）；以病字医淫（想想要得可怕的病，就不要去干荒淫的事了）；以贪字读书（读书永不满足）；以疑字穷理（要多问一个为什么）；以刻字责己（刻者，尖刻刻薄也，即对自己要严厉）；以迂字守礼（在遵守礼仪方面宁可刻板一些，所谓礼多人不怪）；以狠字立志（不达目的决不罢休）；以傲字植骨（不可有傲气，不可软骨头）；以痴字救贫（或为书痴，或为艺痴，不脱匠心，专心一意，精神生活必定十分丰富）；以空字解忧（世事转眼皆空，何必斤斤计较）；以弱字御侮（不要逞强好胜）；以悔字改过；以懒字抑奔竞风（奔竞者为名利而奔走竞争之意）；以惰字屏俗尘事（何必去生闲气）。应该说，古人的用语确实高明，谁读了这20句话，我想都会慑服的。请看，这些贬义词用得多么恰切，从中可看出汉语是多么神奇、多么巧妙！

汉语之妙，全在会用。把汉语用得出神入化，往往出奇制胜，令人击节赞叹不止。

一个数学迷恋爱时，女友问："我脸上有不少雀斑，你真的不介意？"数学迷温柔地回答："怎么会呢？我生平最爱跟小数点打交道。"

"什么样的男人才是最佳丈夫？"一次，几个女大学生聊了起来，有个女生说："最佳丈夫应该是考古学家。"很多人不解，问："为什么？"她说："越是老的东西他越感兴趣，所以不必担心变老，你越老他越喜欢。"

小数点与雀斑点，古老与苍老，其内涵是不同的，把它们一混淆，就产生了幽默和情趣，令人难忘，这也只能是汉语才会有的奇妙呵。

如今颇有些人善于运用汉语，达到自己心里要达到的目的。比如，你有事去求他，他说：研究，研究。那就是说，有门，但是你还得送烟酒。倘有领导对你说：你还得挑更重的担子。那就恭喜你啦，你马上要提拔了，尽管新岗位的担子并不比原先的重。现在社会上颇流行一个词："修理"，就是说，要揍你、要整你、要给你点颜色看看，这显然已经不是东西有了破损要补一补、修一修的意思了。

汉语，其运用的奥妙，可以让人活到老、学到老，难怪有人要说，这是世界上最难学也最有魅力的学问了。

## » 茶与酒及以茶代酒

新中国成立前在上海的老城厢，稠密空间里常有装修十分简陋的茶馆：十几张八仙桌，桌旁放长条凳，茶客进门，堂倌就会泡上一壶，拿茶盅过来，茶客就坐在长条凳上，手靠在桌沿，慢慢地吮饮。茶馆从清晨天刚放亮开始进茶客，渐渐人多了起来，家长里短、牢骚不满、议论是非、谈判交易之类的嗡嗡声也在茶馆上空响了起来，好似飞进不少酿蜜的蜂。

我的祖父和姑父爱去喝茶，总把十岁的我带上，因此小小年纪竟染上了茶瘾。当然，在城市底层的茶馆里，喝的不是粗茶叶（大约是夏秋收下的），便是茶末子，价格极为低廉。至于“明前”、“雨前”的春茶，一则价高喝不起，二则这样的茶叶茶馆里也很少供应。

六十年过去，如今我九岁的外孙女也有了茶瘾，那是她爹妈为了不让碳酸饮料进屋，在小巧的紫砂壶里泡茶时，也给她备下一个小茶盅，她居然不嫌茶苦，喝得很起劲。

我在参加工作的几十年中，曾经用过装咖啡的高瓶子当茶杯，也用过瓷的、玻璃的、磁化的茶杯，用紫砂壶撮泡，则是近几年的事。总之，从茶杯的变迁中，似可看出我这个知识分子在这些年中生活境况的趋于改善。当然，喝的茶叶总觉得春茶、夏秋茶都不错，绿茶、红茶都接受，只要价格公道，买上一斤稍好的茶叶，来了朋友，端上一杯热腾腾的、清香扑鼻的好茶，是比敬烟还要让人开怀的。

明白喝茶要十分讲究，是最近的事。看过一些茶道表演、茶艺展示，才明白，“茶不仅富含维生素、氨基酸、多种矿物质等对人体有益的成分，还能提神、抗衰老、解渴、去疲、消遣，更是一种文化。一个社会的巨大变化，常常在文化现象上体现出来。茶文化始终贯穿着那种和谐的美、谦恭的敬、真诚的善，这是在生活有了保障，心情得以宽畅下，才能有的精神的、文化的、美学的享受。”

随着岁月的增添，我便自觉地在开始喝茶之时想起了别的饮料，特别是酒。

酒，在我国已有几千年的历史，以水之无形，以火为性，是五谷的精英，望之柔和实则刚烈，非有好身体不能沾，沾上后迷恋，则伤身、误事甚至败业。而茶就不同了。我也好酒几十年，但岁月增添后，开始恋茶而疏酒了，尽管两者皆能解乏、舒心、兴奋、通神，但一则越喝越兴奋，越喝越不知天高地厚，而一则越喝越清醒，越喝越脱俗优雅，两者差距实在是大。

“有朋自远方来，不亦悦乎”，国人历来好客，于是待客就爱用酒，倘是朋友间小酌叙旧，适可而止，对身心、对友情均是锦上添花的事。可是在动用公款宴请时，常见的是喝酒作兴三只杯子，小杯放白酒、中杯装红酒、大杯盛啤酒，号称“三盅全会”，所谓“喝了黄白红，隔膜全清空”，这股吃喝风，在全国上下，从大城市到小乡镇，愈演愈烈。制止公款吃喝的文件不知道下了有多少，始终难以奏效。我以为倡导敬客以茶代酒，并形成全社会的风尚，当今尤属必要。

不说不知道，一说吓一跳。公款吃喝的开支，逐年快速递增，已达六千多亿之巨，是国防开支的三倍；单是喝酒，一年要喝掉300亿公斤粮食。酒会乱性。那些在酒桌上猝死的，喝了酒又开车而闯了大祸的，“酒杯一端，政策丢完”导致腐败的，喝酒而不顾身体健康的，种种现象，令人触目惊心。唐朝散文家韩愈说得好：“断送一生惟有酒，破除万事无过酒。”这是他喝了多年酒之后的深切体会。

茶，在我国有几千年栽培史，《神农本草经》载：“神农尝百草，日遇七十二毒，得荼而解之。”（古代“荼”与“茶”字通用）唐代有人称“茶为万病之药”。而现在许多有识之士倡导“茶为国饮”，（因为茶里含有大量对人体有益的元素，还可以防癌）这是非常有见识的主张。

饮茶养身修性，且以茶养廉是我国历代高人、名人所提倡的。唐代诗僧皎然说饮茶：“一饮除昏聩，情思爽朗满天地；再饮清我神，忽如飞雨洒轻尘；三饮便得道，何须苦心破烦恼。此物清高世莫知，世人饮酒徒自欺。”《晋书》中还记述了吴兴太守陆纳接待卫将军谢安的事，陆纳的侄子陆椒见叔叔无所准备，便自己做主张备下一桌十来个人的酒席。谢安到来，陆纳仅以茶水和果品招待，陆椒怕慢待了谢安，把酒席搬上来，陆纳大怒，说：“你这样讲奢侈，玷污了我情操绝俗的品德。”下令打了侄子四十大板。陆纳升官进京时，只带了路上吃的粮食及被袱而已，可见陆纳用茶水招待反对侄子摆酒请客，是在当时崇尚奢侈的社会风气下的一种情操节俭的品性。当年毛泽东主席出访苏联时，把茶叶作为礼物，并说：“礼品不在多，要能代表一个国家的特征。”他老人家爱喝茶，甚至把泡过的茶叶还要嚼碎咽下。

仔细想想，中华民族历来有“客来敬茶”的礼节，清茶一杯是廉俭的象征，如果不是有什么私利可图，为什么不可以在公务接待中，以茶代酒?

“德高于人，人必敬之”，以茶代酒十分有利于巩固和谐社会的建设，手捧清茶，谈心交流，联络感情，带来的是纯净友谊，可防止那种“酒肉朋友日夜围护，臭味相投必有所图”的恶浊作风。

我以为，只要财务制度上规定，凡公款宴请一律上茶一杯，饮酒者自掏腰包，一律不准公家报销，加上审计和财务人员上下监督，社会风气必能为之扭转!

# » 风格浅谈

有的作品，你不看作者的姓名，也能猜出作者是谁。人们常说，因为这位作者形成了自己独有的风格。那么，风格是什么？我以为，风格就是指艺术作品的思想和内容完整统一地、有特征性地表现，是一种“只此一家，别无分店”的区别于旁人的格调、风姿。古今中外，有成就的作家、艺术家，都很注意发挥自己的特点，发扬自己的风格。无论是小说、诗歌、戏剧、音乐、美术、书法、雕刻，都存在作者的艺术风格问题。

唐朝的司空图写了《二十四诗品》，实际上就是把诗归纳成二十四种风格：

雄浑、冲淡、纤秾、沉著、高古、典雅、洗炼、劲健、绮丽、自然、含蓄、豪放、精神、缜密、疏野、清奇、委曲、实境、悲慨、形容、超诣、飘逸、旷达、流动。

也许司空图的这种归纳不一定很科学、很符合实际，但至少他是阅读、研究了在他之前大量诗人的诗作之后，才能总结得出来的。

无独有偶。清朝有个人叫黄钺，归纳了前人的诸多画作，仿学司空图，把画也归纳成二十四种风格，题为《二十四画品》，不妨抄录如下：

气韵、神妙、高古、苍润、沉雄、冲和、淡运、朴拙、超脱、奇群、纵横、淋漓、荒寒、性灵、圆浑、幽邃、明净、健拔、简洁、精谨、隽爽、空灵、韶秀、浑厚。

黄钺的归纳有没有道理，是不是科学，当然还不妨研究，但是，作家、艺术家的风格多种多样，争奇斗艳，恐怕是古今中外都有的事。

当代文学大家中，也都各呈迥异的风格：鲁迅的幽默精深、机智老练，郭沫若的激情洋溢、绮丽浪漫，茅盾的老到泼辣、形神皆备，叶圣陶的质朴严谨、清淡得体，巴金的情丝不绝、酣畅淋漓，赵树理的风趣通俗、舒缓从容，周立波的隽永清新、俏皮清奇，丁玲的意奋笔纵、刚柔相济，柳青的诗情哲理、细密隽峭，欧阳山的缠绵清丽、弘润细腻……凡是有风格的作家、艺术家，总会给读者留下难以忘怀的印象，他们的作品也因此而流传，斧头砍不坏，大火当然也烧不掉。

风格，是作家、艺术家在许多条件下所形成的混合物，既有世界观、人生观的支配作用，也有生活经验、才能、修养和创作特性（即个性、气质、形象思维能力发挥的程度）等起的作用。一种风格的形成，不是一件轻易能办到的事，它需要一辈子的辛勤努力，一辈子的不倦攀登。“毕其功于一役”，是不切实际的幻想。

但是，一种风格的出现，在初露端倪时，特别需要人们的精心爱护。我们应当支持各种风格的作品的发展。你可以不喜欢某一种风格，可以提出你的意见，但请你不要反对，因为百花园里，多一种花总比少一种花来得好些。

# » 食文化的歧途

我喜欢出门旅游，最重要的目的，是可以借此吃到各地的风味特色。高档的熊掌鱼翅、猴头活脑、鹿唇豹胎之类，我消受不起，我佩服有的高手吃了人家一桌满汉全席就能四处挥写食文化，我只想花不多的钱，品尝色香味俱全的菜肴，这样就会觉得浑身惬意，“不知有汉，何论魏晋”了。

近些日子，在江、浙、沪一带的大中酒店、饭庄吃东西，服务员竭尽全力向人们推荐几个特色菜，什么“包二奶”、“沙滩比基尼”、“玉女脱衣”、“赤身裸体”、“臭味相投”、“贵妃出浴”……让我大吃一惊以为走错了地方。菜名是食文化的一个组成部分，应该有几分讲究，最起码得让人一见菜名就觉得高雅、愿意品尝。比如，今年仲春，我在杭州点冷菜时，见一道名为“春来鹤归”的拼盘，是以蛋白糕、咖啡糕为主，摆成双鹤，以火腿、黄瓜为主摆成飞云，以叉烧肉、火腿肠、猪舌、猪耳、胡萝卜、西蓝花摆成群山，构图洁雅鲜美，灵动奔腾，全是一些家常菜，却在高手操作下变成一幅色彩艳丽的画卷。名雅菜好、价廉物美，令人难以忘怀。在苏州，有一些菜名像猜谜语似的不解其意，如“枫桥夜泊”、“静思”、“彩蝶双飞”等，我就怕是一种面塑，仅供桌面摆设而已，只好老老实实地不耻下问，然后再决定要不要“品头论足”。不过这都是消费过程中的大小不等的乐趣，还不至于令人有扫兴气恼的感觉。

饱食终日、衣冠楚楚，就难免要动歪脑筋、想入非非，这仿佛是如今有的饭局上“荤段子”、“黄货”泛滥的一个原因。有的酒家饭店的老板正是钻了这空子，投其所好，在菜名上弄花样，哗众取宠，这大约就是上述的那些服务员公开而大胆地推荐的菜名能上市的缘故。我以为这是饮食文化的歧途。其实说穿了，“包二奶”，就是奶酪裹上馅沾了面包屑下油锅炸一下，做法与油炸春卷差不多。“赤身裸体”，只是一盘炒菠菜上面放了两根蒸熟的人参而已。“玉女脱衣”，则是去了绿皮的嫩黄瓜。“臭味相投”，就是绍兴的一道农家菜：臭豆腐蒸霉菜梗。“沙滩比基尼”，则是基围虾用竹签穿着，放进炒熟了的盐内煨熟。“贵妃出浴”，是砂锅里的一只清汤土鸡。一些普通菜肴，为了卖个好价钱，在菜名上弄噱头，把本来十分注重人文内涵与美感的菜名搞得恶俗腻心，迎合的是一种不健康的心理。

有的老板说，现在餐饮行业竞争激烈，不想些好点子很难生存，为了吊顾客的胃口才使出这一招，让客人边吃、边喝、边侃、边笑，增加点气氛。这倒叫人惊讶，不在价廉物美、优质服务上下功夫，却把饮食文化演变成“淫”食文化，这能长久得了？即使有些食客一时上当，还能经常受骗？一传十，十传百，你的店还能有品位站得住脚？而对于那些个“饱暖思淫欲”的人，本来就很容易“出事”之时，再要加上“淫”食文化的助推，那就好比剧毒攻心，为害非浅了。

# » 虚假不能凭借权力变为真实

题目源于泰戈尔的话。在我读完法官王文正口述的《我所经历的胡风案》（中共党史出版社出版）之后，我彻底解开了五十三年的一个心结，并且强烈感受到印度的这位大诗人的睿智和深刻。

五十三年前，我是个高中生，教我的语文老师突然失去了行动自由，理由是“胡风分子”。此后我特别想了解，为什么会出现这样的文字狱？这本书的作者今年八十八岁，是当时上海“胡风专案”办公室审讯员，1982年担任审判“四人帮”上海余党的上海市高级人民法院的刑事审判庭审判长。他口述的内容，都是亲见亲历的，没有想象、拼凑的东西，他说的因而真实可信。他告诉我们：所谓“胡风反革命集团”一案，在全国共涉及两千一百多人，其中被捕九十二人，被隔离审查五十二人，停职反省的七十三人。他们中绝大多数是与国民党反动派斗争几十年的共产党员、进步人士，有的则是一批热爱文艺的青年人，可是要让他们承认自己是反革命分子，让他们“在铁窗里埋头写没完没了的‘交代’，直写到满头白发，生命就这样被无端地消耗在这痛苦的时光里”。后来则被开除党籍、开除公职、发配到边疆农村，受尽折磨侮辱。作者说：“事实证明，该案在1988年得到了彻底的平反，中央文件肯定，造成这一冤案的‘责任在中央’。胡风反革命集团纯属子虚乌有。”

读完全书，我不禁想到：文字狱在中国是有“传统”的，是中国一大特色。历史上的文字狱都是“钦定”的，凡涉及者不是冤死，就是倒霉一辈子。胡风及其“分子”中多数总算看到自己得到平反，然而在受折磨的二十五年中，这些“分子”最好的青春年华、最有创造力的生命黄金时段全被毁，多少有才华的人被埋没掉。作者介绍，原来有人准备把吴强也定为胡风分子抓起来，后来他们实在找不到根据，就没有去抓。吴强后来写出了《红日》等长篇小说及电影剧本。作者感叹说：“如果把吴强当胡风分子抓起来，我们肯定丢失这部作品和这一著名作家了。”

对群众总是讲唯物主义，讲实事求是，讲重证据不轻信口供，讲为人民服务，但到自己做起事来却“无法无天”，还总以为是“英明”、“洞察一切”，干的都是与自己倡导的完全相反的事，这是整起胡风假案所表现出来的让人最大的迷惑。五十多年来，从反胡风、反右、反彭德怀到“文化大革命”，没有一个反得对的，统统不过是唯心主义、极端个人主义作祟的表现而已。

作者提到的一件事令人心惊，即真正的国民党特务即使被我党关押、判刑，亡我之心仍然不死，总想再捣乱一把，于是利用共产党专政工具来整共产党人，达到他们之前无法达到的目的。而能利用的共产党人正是那些自以为是，不搞调研，又中封建遗毒很深的人。比如国民党特务陈兰荪就多方诬告陆定一、“胡风分子”尚丁等人是“叛徒”、“特务”。作者作为审判员，严格追查国民党留下的档案，并找到他，要他出示尚丁的“问题”证据时，终于让他露了馅。而陆定一后来不是被整成“反党集团”、“叛徒”，中了他的奸计了吗？相当多的共产党员没有被国民党反动派整死，却被自己的组织整垮、整疯乃至整死，这真是令人痛心之极的事。

在书中，作者告诉读者，不少公安人员、法庭审判人员通过调查后，认为“胡风集团”不存在什么“反革命行为”，一般通信中有些文艺观点上的争论，对文艺界有不同看法，这是很正常的事，《宪法》刚颁布不久，怎么可能做出违宪的事呢？可是作者老老实实地说：“中央定了的（案），我们当然得执行，这是一个党性原则问题。”在这里，“党性”成了贯彻“钦定”的工具，成了愚弄别人和愚弄自身的遮掩物，丢弃一个人最宝贵的独立思考，使我们的国家和民族受到了深重的灾难和无法估量的损失，这个损失至今能弥补多少呢？

该书作者感慨地说：“中国数千年封建的毒根，并不会因为一个人民新政权的建立而立刻就会消亡。”是的，新的政权建立快六十年了，改革开放已经三十周年了，但铲除封建的毒根，仍任重而道远。

## » 由“满河找牙”所想到的

一天傍晚，杭州城中心的贴沙河边纳凉聊天的人不少，有位徐大伯打了个喷嚏，不料把一口假牙喷进了河里，这口假牙是花了一万多元才配上的。旁边有人毫不犹豫下河打捞，结果白忙一场。这贴沙河一头通钱塘江，另一头连京杭大运河，河面有十多米宽，七八米深，河底有水草和淤泥，下河打捞捡拾确实不大容易。这事登上了当地的都市报引起了众多人的关心。三天后有人带了微型潜艇和水下潜像仪去打捞，仍无所获。在热心人帮助下，又有人增加了磁铁等工具潜水去捡拾，又无功而返。隔了几天，杭州顶尖的专业潜水员胡小乔主动请缨，他先在假牙掉落处河底拔去大片水草，终于在淤泥里找到了假牙。徐大伯感动万分，要请胡小乔等热心人吃饭，胡小乔和其他热心人反而劝徐大伯：吃饭就免了，你快去医院给这口假牙消消毒吧。

古人曰：“莫以善小而不为，莫以恶小而为之。”有些事虽不是大恶、大丑，至少是不道德、不文明的，不要以为是小事就可以为所欲为、毫无顾忌；有些事只要是文明的、符合礼仪的，即使是小事，也应努力去做，并且做好它。积无数善小而为可成大圣，聚无数恶小而为可成巨奸。一个人的假牙掉河，对于众多人而言毕竟不是什么大事，但是当做自己的事那样挺身而出，在我们社会生活中，像这类一人有难、众人当仁不让尽力相帮的事，每天各地都有发生，这在物欲横流、喧嚣浮躁的环境中显得特别珍贵。能无私献出爱心就是至善，主动去助人则是精神上的崇高。徐大伯的假牙掉进贴沙河，那么多的人想出种种办法要去寻找到，没有半点儿事不关已、看热闹笑话的影子。有许多事看起来是小事，然而一件小事一件小事做好了，落到实处就不是小事，在这里最忌讳的就是只讲空话、大话，指手画脚、放马后炮。高尔基说：“有健全头脑和善良心的人真是伟大的、美丽的奇观……这种人极像春天的太阳。”是的，当社会上愿意伸出善良双手帮助有困难的人群层出不穷时，确实会使人感到春天的温煦阳光普照，生机勃勃，幸福而振奋。

孟子曰：“我善养我浩然之气。”满河找牙的人包括专业潜水员胡小乔，原先与徐大伯素不相识，他们想办法、找措施，优选种种高招，其实皆是一种义举。在这些义举后边，看出人们一种有意或无意的道德完美追求，也看出一种崇高的善心爆发。有的哲人指斥不良现象时说，如果我们看到了丑恶不用愤怒手指把它点出来，那我们离丑恶不远了，即使保持沉默也是一种社会的悲剧。一个倘以黄金为图腾的社会，必然带来种种危机：见钱眼开、贪婪横行、道德败坏、以丑为美、正义衰退。所以，当看到了善行，并让它发扬光大，就是为弘扬光明面提供了正能量，而这就形成积每个人的“养浩然之气”为整个社会的“养浩然之气”。

习总书记说：“国无德不兴，人无德不立。”社会上出现的点点滴滴的善行、义举，是人们的趋善趋美、立德立功的表明。人的义无反顾地关爱他人、关爱文明这一高尚情感能自由地流淌，最能振奋全社会美好的道德追求及珍惜精神价值的崇高，唯有这样，社会的发展才是健康、饱满和向上的。

## » 一则白茶广告词之讹

好友送我今春生产的白茶：精装的纸拎袋内有硬纸盒，盒内装有两小盒，小盒中放了茶叶。纸拎袋、硬纸盒和小盒外皆印有同样的一则广告，我看了广告词之后不禁摇起了头。广告词全文如下：

“宋帝御赐第一茶。宋徽宗赵佶《大观茶论》：白茶自为一种，与常茶不同，其叶莹柏，崖林之间，偶然出生，非人力所可致，表里昭彻，如玉之灾璞，他无与伦比。”

很明显，宋徽宗名赵佶，在广告词中却错为赵佶。引用《大观茶论》却错漏了五处：“其叶莹薄”错为“莹柏”；“偶然生出”错为“偶然出生”；“非人力所可致”前漏了“盖”字；最不该错的是，“如玉之在璞”错为“如玉之灾璞”，“它无与伦也”错为“他无与伦比”。

一共引用四十三个字却错编多处，至少说明广告词的作者一是粗心大意，二是不负责任，三是缺失起码的历史常识。

更意外的是，还找不到这白茶是哪家茶企生产或哪家公司经销的，也不知由何地广告公司做的广告，电话、地址一概没有。做广告居然漏登这些广告元素，是疏忽还是别有意味?

顺便说一下，如今生活中无处不见广告。而现在的广告有三大倾向：一为冒名顶替，就说这白茶，宋徽宗《大观茶经》中指的是在福建福鼎山区产的品质优异的茶叶，是贡茶中的佼佼者，如今福建白茶依然是其名品。别的地方即使后来居上，也不可把宋徽宗夸人家的往自己身上套。

二是广告里的恶俗造型，穿着薄、露、透，为吸引眼球，敢说荤话，敢脱衣衫，敢抛媚眼，搔首弄姿，色字当头，污染一片。

三是噱头加夸张。无论是药、酒、表、时装，还是婚介、旅游、补习、代办移民、学习外语，无所不有，无孔不入，总之，引你快掏腰包，坑人的比比皆是。

有位朋友告诉我，他看电视一见广告就换台，读报纸广告版面根本不看，马路上无论灯箱、楼顶、路边的广告从不去看。我想，这是非常有生活经验者的忠告，也是广告经营者的悲哀。

## » 海外行旅点滴

如今对年过七旬的老人，社会给予的温暖还真不少：坐公交、乘地铁可以不花钱，进公园、去博物馆不用买票，看日场电影只需票价的六分之一，有的地方理发都给予优惠，等等。相当多的老人利用省下来的退休金去国外旅游，增加人生的多种感受，认识更为多彩的生活，也顺便领略一下异域的文明方式。我也属于这类老人。

今年八月九日，在美国拉斯维加斯机场办理去亚特兰大的登机牌时，中年办事员告知因亚特兰大天气原因，航班取消了。我们五人组成的“自由行”团队有点意外，遂问道：“怎么办呢？”那个办事员和颜悦色地问：“你们是不是今天一定要走？”我们点了点头。“是不是五个人要一起走？”我们又肯定地点了点头。于是她拿起电话足足谈了半个多小时，又在电脑上仔细反复地查看后，征求意见说：“你们先飞到圣路易斯市，然后再从圣路易斯市飞亚特兰大，行吗？”我们只能同意。她就给我们办了先飞圣路易斯、再飞亚特兰大的登机牌，十张登机牌出来后，她又说这种飞法你们要多耗几个小时呢！我们觉得只要能走就好，感谢她为我们想得周到。当为我们办好大件行李托运手续后，她又对我们说，由于西南航空公司取消航班，给你们带来了损失，航空公司将赔偿你们每位两百美元。

这几近于原票价，使人颇感意外。我当时的感觉是，也许是航空公司之间商业竞争的因素在起作用，但敢于主动担责，不推诿、不文过饰非，似乎体现出一种社会担当，至少不会引发人们涌出烦恼的肾上腺素，避免了摩擦。

坐上飞机后，不由得联想到今年三月十九日的一件事：我与老伴去新加坡，坐的是“红眼”航班经济舱，女儿事先在网上给我俩预订好第一排的座位，并按规定支付了四十元预订费。等我们去领取登机牌时，新加坡航空公司一女士告知，为安全起见，公司规定第一排不能坐孕妇、老人和小孩，预订的四十元退还。我问：那我们坐哪儿？女士回答：给你们安排坐第二排，这第二排有三个座位，就坐你们二位。

既要遵守规定，又尽可能通情达理，让人觉得温暖。

不论繁华发达的西方国家，还是发展中国家，都不缺少文明的传承与发扬。文明，是世界性的意识举止。当然，人一过百，形形色色，文明的对立面要绝迹为时尚早。常听有人推崇外方人士的文明素养，其实，有些往往言过其实。

今年八月四日我从上海去东京，二三百人登机时，机舱内走道十分拥挤，有人为放行李堵在那儿，后面的人只好等着没法挪动。这时我想到有的机场登机时，先让21~30排座位的乘客登机，再让11~20排的登机，最后让1~10排的登，比较有序。正当此时，猛觉得前面有人用力推我的行李包，让我一个趔趄差点撞了后面的人。我看推我手提包的是个金发碧眼的西方中年人，可能我的行李包碰了他的腿，其实他只要回过身向我示意一下，我就会与他保持空当，可他既不说明又突然粗野地动手，让我感叹：某些西方人的举止也未必文明。

美国不少机场有个奇怪的现象，中国机场随便可用的手推车，那儿都锁着，若要用它来推行李，得一次付五美元。在莫斯科到圣彼得堡的火车上，坐软卧车厢的我们都得给列车员付小费，导游说，小费标准是二十五卢布，拒付可能会带来许多麻烦，如厕所打不开、喝不到热水、小偷会到火车上来……我又想起几年前在水城威尼斯坐小船（贡多拉）结束时的场景：当我们陆续起身离岸时，船夫捡起我掉下的一把小塑料梳子要还给我，这种小梳子在国内任何一家旅店均是赠送旅客的。我说声谢谢欲接时，船夫伸开手，导游在岸上朝我说：他为你捡起梳子，这是向你要小费，给他一欧元吧。一欧元在国内至少可买五把这种小梳子，我对船夫示意不要它了。那船夫快速摇头。我马上给了他一欧元，并接过那把小梳子。据说，如今又“发展”了，在巴黎有些小伙子见游客会主动让你看某种图片，你看过一眼后，他便伸手要钱，你还不能不给。

我不止一次在发达国家的机场里，见有人大模大样赤脚露腿躺在长椅上。在亚特兰大有个老人街头乞讨，几个年轻人见到伸过来毛茸茸的手，赶紧跑开了，那个老人摇着头说："我不过要几个钱，有就给，跑什么跑，又不是抢劫！"我听了不禁一阵战栗，为这个老人的自嘲，也为那些年轻人的躲闪。

# » 时光会留下褒贬

一

2014年12月，钱谷融先生被授予上海文学艺术“终身成就奖”。这位耄耋老人，在华东师范大学中文系任教几十年，教出的学生、学生的学生无数，有的已成学界精英。1957年他的《论文学是人学》，以其幽微洞察文学创作奥秘，以其超然卓见及悟透人性的真谛，从而名扬九州，尤在文艺界引起地震般的轰动。中国社科院文学研究所前所长刘再复认为，这篇大作“为中国文学的正确发展奠定了理论基础”。当然，钱先生也因此吃足苦头，当年遭到大规模的批判，受尽了种种欺压，遭遇了人生的大跌宕。但钱先生用他那种坚定、乐观、从容的方式扛住了，不去作言不由衷的检讨，更不去迎合批判者的愿望。谁笑到最后谁笑得最好。当年那些气势汹汹、洋洋洒洒的批判文章，成了一堆散发着腐臭的文字垃圾，那些批判者也都灰飞烟灭，而钱先生如今高寿九十六，身心皆健捷。

我曾经纳闷过：以钱先生的博识和才学，照理著作等身是没有问题的，可是直到1997年我才在杭州买到他的论文自选集《艺术·人·真诚》，尽管篇篇皆是珍品，但他实在不能算是高产的作家。他自谦说因为“疏懒”，他的得意门生王晓明教授认为，他“遭遇了一个严酷的时代”，动辄得咎，“内心当然会有痛苦”，为了不必付出“自我迷失的代价”，他才不去写那种他内心不以为然的文字，就是说他心里自有他的观点、见解，他不会迎合，不去鉴貌辨色把文字作进身阶，尽管发表的文章少了，但他可以不用像某些人那样为发表过的东西而去“忏悔”、“懊恼”、“抱憾终身”。这也正是作为一个大家的道德风范。这是一方面。

另一方面，实践已经证明，一个作家文不在多，如果有睿智犀利的真知灼见，能启迪心灵、提升人格风范，一篇也足以传世。人云亦云、解读文件、经典搬家、迎合媚俗之作，哪怕凑成多少卷文集，也不会有人去读，还容易让人遗弃。

钱先生说：“艺术贵在独创……不能没有个人的独到之见。”“把我短促的生命雕琢成一首精美的小诗，希望那里面每一个字眼都要是有光有彩的，每一个音节都要是珠圆玉润的。”

这真是湛湛名言，足以警世传世！

## 二

上海《文汇报》资深编辑余之去探望著名剧作家白桦先生，说到张艺谋执导的电影《归来》时，白桦推荐余之去看看德国杜拉斯的电影《长别离》。这部电影上映时间距今已五十三年了，讲的是第二次世界大战结束十六年后，男主人公突然归来了，他因反法西斯而被关进集中营，受到残酷的摧残后失忆。《归来》和《长别离》无论是故事意境与格局，都有“惊人的相似”，而《长别离》细腻而深刻地描述了一个绝望的爱情故事，其含义是在“反对异化人性的战争”上面，所以获得1961年戛纳电影节金棕榈大奖。《归来》与之相比，余之认为，在艺术感染力、历史震撼力方面差距太大，最主要原因是“断裂了因果关系”。

白桦不愧是编剧界的行家里手，见多识广、博览群片，其推荐似乎只是“点到为止”，但有深意存焉。有了《长别离》在前，《归来》要参加美国“金球奖”最佳外语片竞争，未入围也是可以预料得到的，起码是太相似了，没有说你是模仿之作，还是客气的了。一般而言，剧情被否后，主演获奖的可能性就不大了，但巩俐赴台湾未得到奖而炮轰“金马奖”，倒是让人觉得内地有些演艺人员被宠娇到不知天高地厚的程度，有点夜郎自大，总以为别人也是视野狭窄，看不到已问世多年的精湛的艺术大片。

严歌苓的长篇小说《陆犯焉识》，内容十分丰富，《归来》截取其中一节进行改编而且用时两年，我怀疑编导是否从头到尾认真读过这部长篇？怎么英雄所见略同，偏偏选取的故事与多年前杜拉斯的创作撞了车？去走人家走过的路，去嚼别人嚼过的馍？我感觉到，编写的东西哄过国内影迷似乎并不难，自然也容易瞒得过审查关，但要哄过内行如白桦先生、海外电影节各评委还是困难重重的，这就是为什么《归来》在国内电影节倒是得了奖，在海外各电影节上只能铩羽而归了。

本来，专职编导比起我们普通人是要多看许多国内外影视作品的，但是《归来》的出现，告诉我们，钱谷融先生的名言颠扑不倒："艺术贵在独创。""每一个字眼都要是有光有彩的！"对艺术家来说，毕竟这是对自己最起码的也是最不易达到的要求！

三

远在台湾的七十六岁的琼瑶女士愤怒之极，有理有据地揭发并公开状告大陆某编剧的抄袭行为。该编剧为自己作了辩护，但出乎他意料的是，国内有一百零九位编剧同行联合发表声明，支持琼瑶的维权行为，"谴责一切抄袭、剽窃、非法改编别人作品的行为，呼吁保护原创，停止侵权"。

"要是我们看到了丑恶，却不用愤怒的手指把它点出来，那我们离丑恶就不远了。"那位写寓言出名的俄国人克雷洛夫说得是有道理的。

太想走捷径，只顾自己捞名利，抄袭丢弃了起码的人格修为。再说，剧本写作上只想以多取胜，多多益善，除了钱作祟外，真不见得有多少理由。"一招鲜，吃遍天"，这不光是指演员演技的功底，对从事创作的编剧而言，也有借鉴价值。"十年磨一戏"，无非是要穷尽精力写出一部有思想深度、有激烈冲突、有动人形象和独特美学的剧本，那才是真本事。王实甫的

《西厢记》、关汉卿的《窦娥冤》、汤显祖的《临川四梦》、孔尚任的《桃花扇》、曹禺的《雷雨》《日出》《原野》，这些如雷贯耳的戏剧家均不以高产闻名，而他们穷其一生独特的剧作却让他们永垂千秋。所以，文艺创作贵在哪，贱于甚，是极浅显的常识。金牌编剧之金不应是镀一层表面的18k金，更不能只是抹点金粉，而应该是足金24k的。琼瑶的这场官司并非仅是个人之间作品权益之争。说一百遍发扬正气、歪风邪气不能横行、利欲熏心不可无所顾忌，都容易落空，认真实在地处理好一件实事，才是知识产权不容侵犯的显示。

## 四

人无德不立。明里做的是文明事业，暗里是野蛮的窃盗，或是平庸的赝品制造，或是失智的狂傲，这大约是永无止境的欲望逐渐使人丧失了美的、香的、真的感觉。

没有高尚的品德，出不来杰出的人，也不会涌现先进的思想。作家编剧更要先做一个高尚正派的人。

时光会无情地给予褒贬。范例有古人、前人在。请看，即入期颐之年的钱谷融先生在前边引领着我们呢！

## » 移动易，默化难

迁徙、移动，是人能力张扬的一种表现。现在这种能力显示，已经引不起别人的惊叹了，因为，不难了。比如我想去纽约或莫斯科，三十年前是要经过七十二难。如今很容易地去办张签证，再去旅行社付钱，或来个“自由行”，买好机票，便可如愿。别人知道了不会惊叹，也不会觉得有什么大不了的。即使想移民，好比如今有权、有势、有财的角色，无论是落脚美、欧、加、澳，或是什么小岛、非洲某国，都不是什么难事，悄悄地移或是大大咧咧地动都无妨。如今叫我惊讶的是，那些才做到收支平衡，甚至还属于不富裕的人群，也为了改变命运、寻找出路，想方设法要去移动变化，而且只要下决心也就很快实现了。所以，迁徙、移动，已经一点也不难了。

然而，人的品性、习俗，很难轻易改变。换了环境，不去入境问俗、随遇而变，那是轻则闹笑话、惹人嫌厌，重则遭羞辱、进班房，这一点也不是虚张声势、吓唬人的。

有个野外生活随便惯了的朋友，到上海访友时，人家房里地板擦得明亮，平时皆脱鞋进房，他不管三七二十一就撞了进去，抽烟时朝地上磕烟灰，一不小心咳了一声，随地就吐了痰，闹得很不愉快。其实，这个朋友也不是个粗鲁没文化的人，只是多年野外生活养成的习性，一时无法改变。

官二代兼富二代的李某，在英国读研究生。临到快毕业时，李某深知自己不过镀镀金，真刀真枪就会原形毕露。于是他携带了一把仿真手枪来到教授面前，掏出五千英镑（约四万七千人民币）放在桌上说："如果你给我及格，这点钱归你了，我不会再来烦你。"言外之意，要不给他及格，他就不客气了。也许这个角色在国内，在他老子势力范围里是可能"一语定乾坤"的，不过他忘了身处何地，他的身子骨很轻易地移动到了英国，他在中国养成的舍我其谁态、不可一世状，并没有因为新的环境而改变，所以他尝到了英国的牢狱之味：试图贿赂教授罪，被判一年监禁，用仿真枪械威胁人身安全另获刑六个月。在李某看来，金钱不就是上帝吗？在中国司空见惯的事，在英国就行不通，就碰了大钉子。

去年十月，日本早稻田大学一名中国留学生被取消博士学位，原因是他的论文至少有六十四处抄袭他人研究成果或网上的内容，违反基本学术道德。这所创立一百多年的日本名校，还是头一次取消毕业生学位。抄袭在中国也许见怪不怪、不当回事，不是有的作家一边遭到抄袭的揭发，一边加入作家协会了吗！可是在别的国家，人家是不会允许眼里落进一丝灰尘的。

《礼记·曲礼上》有："入境而问禁，入国而问俗，入门而问讳。”有个成语“潜移默化”，即人的思想行为在新的境遇下受到影响而自觉或不自觉地发生变化。我们有的国人，“潜移”轻易地或克服不少困难或千方百计地做到了，“默化”却很难很难，有的人国内浸泡在钱池里久了，以为到哪里都可以靠钱，却没有料到在别的国家，哪怕一出手买下整栋楼，似乎十分气派，其实买不到别人的尊重，而当用钱却想苟且时，非但达不到目的，还要倒大霉、丢足脸面。

“哀其不幸，怒其不争。”当年鲁迅先生在剖析半封建半殖民地时的国民性，不断地叹惜，如今国人“不幸”似不多了，“不争”之事偏不断绝，有什么办法呢？

# » 竹林情思

人，一旦有了爱好，便极易成为习惯，从而影响自己的命运。比如，我对于青山碧水，对于翠竹密林，发自心底地喜爱，对于其影其形便会格外珍惜，以致一天不见绿竹，顿觉周身不大自在，好似掉落了什么宝贝似的魂不守舍；而每当操劳疲乏之时，只要看到碧绿生青的竹林、袅袅而动的柔柔竹叶、一片翠云般滚动的青涛，就会神情大振，一扫颓累，感到一身的热力在涌动。

还是读初一时，无意中看到苏东坡的诗："宁可食无肉，不可居无竹。无肉令人瘦，无竹令人俗。人瘦尚可肥，士俗不可医。"这诗通俗易懂，一下子就背诵了出来。当时正值生长发育阶段，特爱吃肉，对苏东坡宁可不吃肉也要有竹子在身边、看着竹子就舒服这种感觉是一点都不理解的。我当时觉得，不吃肉岂非呆子？似应"宁可居无竹，不可不食肉"才对，觉得用"能否吃肉"和"有无绿竹"来相克，很没有道理，很不对称，甚至觉得莫名其妙，很难理解。想不到如今已到人生之秋的我，才真正理解苏东坡这首浅显却十分有道理的诗，是何等的机趣、深刻与智慧！

粗粗一查，苏东坡在其诗文中多次提到了竹。他有一篇《记岭南竹》的短文："岭南人当有愧于竹，食者竹笋，庇者竹瓦，载者竹筏，炊者竹薪，衣者竹皮，书者竹纸，履者竹鞋——真可谓一日不可无此君耶？"原来苏东坡曾被贬岭南，整天与竹为友，对竹子的功用可谓了如指掌，所以在这篇超短奇文中，连用一组排比，歌颂竹子在南方居民生活中的重要地位和周身无保留地为民献出一身的高贵。当然，严格说来，苏东坡似乎还漏掉了一点：在生活中，竹子在庭园装饰中，与众多参天大树、茸茸细草一样，还起到了锦上添花一般的美化生活的功用，是园艺装饰的主力军。

苏东坡不仅提到竹子的一身皆是宝，并且对竹子的形象拟人化，予以称赞。他在四川省的仁寿县，既看到笔直伟岸的耸天直竹，也看到一种弯曲的竹，其根竟生长于岩石中，"屈而不挠"，他用这个竹子的形象来赞美好朋友文与可的气节，用弯竹的"屈而不挠"来比喻为人要有柔韧、不惧任何艰险环境、努力体现自己品格魅力的可贵，这是这位大文学家、大诗人苏东坡的首创。

"青青一支竹，迎风碧碧绿"，这是一首歌颂竹子的歌谣中的头两句，单独一支竹临风玉立，自有风姿，确是好美的，但我更爱浩渺无际的竹林，那是整体队伍的光辉形象，更让人感到这象征一支攻无不克的主力军。竹林是一个这样的所在：一旦进人，老竹新枝，翠叶交叉，争高斗秀，绿荫蔽日，但见近处翠绿，远处嫩青，能挡烈日炎热，给人清凉。当风声飒飒时，竹子昂首挺胸，不惧风雨，偏爱霜雪，使人在竹林面前显得那般娇弱。然而，当你望着竹林的勃发雄姿，周身就会增添出一分热，一股力，长足了劲。

在摧残文化的所谓“大革命”年代，我在江西北边一所农林中专学校教书，不过二十来岁却被当成敌人日夜批斗，并且受到了拳打脚踢之横蛮对待，自己内心甚为痛苦，并且觉得跌入大海、深渊般懊恼，自觉前途茫茫，不知何时才能洗尽冤屈，挺起胸膛堂堂正正地继续当一名教师。不久，那些造反派把我们这些教师赶到大山深处的一个林场进行监督劳动，有时夜晚还要继续批斗。对于我这个从小就生长在城市，只是从诗文中读到过深山、老林、竹海的人，一踏进这莽莽林海，刚刚放下铺盖卷，居然一下子怔住了。从山上向下看，然后环顾四野，我忘记了内心的痛苦、体力的疲累、四肢的酸痛，我不禁深吸了一口气。但见远处群山起伏如涛，山上是莽莽苍苍的一片林海，特别是竹林层层叠叠，那密密枝叶如盖，放眼望去，远处呈浅青色，而嫩青色，而淡绿色，而碧翠色，随着阵阵秋风，此起彼伏响起唿哨一般的呼啸声。站立在横亘无际的竹林之前，我们这些人竟显得那么的渺小。顿时，我胸襟张开了，忘却了烦恼，丢开了苦痛，觉得竹林的开阔、深邃、寥廓、粗犷，是那样的壮美、那么的雄伟。我立时觉得，许多古诗人的咏竹诗，在这活生生的竹林面前，显得那样的娇柔，格局也偏小了！哪怕我曾经背熟过的唐代诗人刘兼的《竹子》，原先以为够有气势的，可是与真实的生活一相对照，就不够味了。

刘兼的诗是这样的：

“近窗卧砌两三丛，佐静添幽别有功。影镂碎金初透月，声敲寒玉乍摇风。无凭费叟烟波碧，莫信湘妃泪点红。自是子猷偏爱尔，虚心高节雪霜中。”

诗人只看到两三丛竹子，那与漫山遍野的竹林相比，意境自是大不相同，意境不同诗句自然会有高下。

再说我们这批在深山老林“劳动改造”的老师，由于面对大自然，呼吸新鲜空气，劳动时在山间走上走下，耳里听到的是竹林风儿的呼啸，竟也暂时忘却了皮肉痛苦，一个个心宽体胖了起来，完全不顾外部世界特别是在大中城市，动刀动枪的武斗那种胡闹，我们这批教师甚至庆幸亏得走进了深山，避开了那种更为可怕的斗争的旋涡！在竹林深处，我们教师之间，精神上互相勉励，劳动中互相帮助，丢掉了往日的清高与孤傲。对于我来说，看到了竹子每日都在茁壮地成长，那不屈不挠的英姿，更增强了抵抗顽劣与恶逆的力量，并且大大增强了战胜懦弱的勇气。

二十世纪八十年代后，因为工作关系我有机会经常去祖国各地。在踏上黄河以北的土地时觉得最大的遗憾是看不到江南的遍地绿竹，听不到竹林里的风啸，尝不到鲜嫩的春笋与香脆的冬笋。虽然在首都有著名的风景点“紫竹院”，我也慕名去游览过，只见几丛青竹，但那实在是点缀北国风光的稀罕“贵族”，与长江以南随处可见的竹林、竹园相比，真正是溪水和大海之别了。

后来我还是决计离开繁华的首都，定居江南，那重要的原因就是影响自己命运的习惯使然：离不开那绿色的竹林、青山、秀水。如今我每天都会沿着明媚的西湖一侧走动，无论是风吹荷动的曲苑，还是欢鱼嬉戏的花港，我都乐滋滋地一边漫步，一边在竹林里深呼吸，缅怀遐想，不一而足。我也曾到过无边无际的有竹海之誉的地方去采访，看到林农在利用浑身是宝的竹子做成各种竹制品时，不禁感叹连连，它们蓬蓬勃勃地成长、蔚为壮观时，颇像是人生的“入世”：渴望在现实生活中不断地实现自身的价值，体现出自身的非比寻常的“美”；而当它们为人类无条件地贡献自身时，又似是人生的“出世”：更多的不在物质自身，而是一种精神上的追求，一种灵魂的升华与超脱，呈现出唯美的高尚的境界。

有人认为，金山银山不如绿水青山，这是高明的、深刻的、科学的见解。绿水青山是造福子孙后代的千秋伟业。竹林和杉树林、柏树林、樟树林、油茶林、松树林等树林一样，是绿水青山涵养土地的重要中坚！有了绿水青山，就有了勃勃生机，就有了延续的生命！

每当我走进竹林，我都会引起一种绵绵不绝的思索，勾起的是激情的迸发，从而是一股热力涌遍全身。

## » 冷酷的疑云为何驱散不尽?

年轻的作家蒋方舟在一篇文章中写道:“有人说上一代是喝狼奶的一代,充满了仇恨。而这一代……连狼奶都不用喝了,他们已经成了新一代的狼。”

蒋方舟称的“上一代”,在五十岁上下;“这一代”,是指八零后、九零后。她的话有没有道理?

六年前,轰动一时的云南大学学生马加爵,一个农村出来的苦孩子,一口气杀了四个同班同学。如果说马加爵因为家庭贫穷受到这些同学嘲讽、侮辱,愤而杀人的话,那么当出身富庶之家的年轻人、西安音乐学院钢琴系大三学生药家鑫驾车撞倒骑电动车的女服务员张妙后,下车将正在记车牌号的张妙连刺八刀,致其当场惨死,其手段比马加爵更为残忍,狼性更足,让人从心底里发出了寒战。

这绝非个例。浙江富阳市三十三岁的方某,为了泄愤将姓张的一家三口人全杀害,还妄图分尸装袋掩盖自己的血腥罪恶。

“文革”的罪孽,不仅使那时的不少二十岁上下的“红卫兵”、“造反派”成了武斗高手，而且他们并没有因自己的不义得到惩罚，反而侥幸地进入了改革开放新时代，而他们生下的一代人自然是不可能得到狼奶哺育出来的人的人性教育的。

如今让公众愤恨的是，有些年轻人仗着有个当官或有钱的爸爸为非作歹、嚣张残暴、无恶不作，已经超过其父辈当年在“文革”中之作为。当年他们的父辈因为有最高指示做靠山，有“中央文革”撑腰，出于迷信与无知而造出的罪孽，如果尚有可以理解的原因的话，那么，在当今强调法制的社会里，杀人偿命在他们眼里几乎就成了废话，老百姓被他们当做蚂蚁，人性的灭绝及丧心病狂与野兽不相上下。可以这么设想，如果这些已经变成了狼的一代人真的执掌各级权力和财富资源，平民百姓定会受着牛马不如的欺压与凌辱。

太多的父母只知道在物质上满足子女的需求，而对于他们的人格塑造、对于人性之善的教育、对于法律的应有敬畏、对于做人起码的道德底线，却是不闻不问，听之任之，甚至同样是蔑视法律、藐视公认的社会道德准则、无视甚至敢于肆意践踏他人权益乃至生命。仗势杀人不偿命、玩弄法律与公众尊严于掌上，相信有钱可以摆平一切，特别是舆论风波，这是“官二代”、“富二代”的年少轻狂，和其父辈权贵富豪们的言传身教的结合，简直是臭味相投、沆瀣一气。

回过头看，产生如此之多“狼人”，与权力不受监督，社会公平和正义难以维护是密切相关的。权力与资本结合，让改革开放产生的成果被少数人占有，少数人与多数平民、弱势人群出现了越来越深的鸿沟，加深、加剧了矛盾和分裂，这是产生“狼人”的大时代背景。

年轻作家蒋方舟说出的话是理性的，是公正的剖析，是生活的真谛。有人说，老虎没有虎性就不吃人了，人没有人性就吃人了。人咬人比狗咬人凶多了。如果人性冷漠、冷酷和凶残，不能及时有效地把“狼”关进笼里，即使GDP再多，购买美国国债数量再多，都是意义十分轻淡的，而且只能带来可怕的后果。

我们应该多进行思考的是，怎么动员起多数人来，扼住一切狼性，断掉狼奶！

# 史域明理篇

## » “五天登州府，千年苏公祠”

说起苏东坡，恐怕读书人没有不知道的。这是一个不可多得的才子，诗、文、书、画样样来得。倘对别人而言，精一门就很了不起了，而且确有独精一门而流传后世的。而苏东坡，为文畅达，列“唐宋八大家”之一；其诗清新，其词豪放，是文学史里不可或缺的篇章；书、画皆精，又是任何一本中国艺术史、中国美术史不会遗漏的。苏东坡有多方面的艺术造诣，所以名传千古，肯定还会永远传下去。

然而，这只是了解苏东坡的一个方面，也就是世人所讲的“立言”的方面。他的立德、立功，则更是为人称道。

在杭州的西湖，有两条长堤，特别是那条由南向北的大堤是游人必去之处，那条堤是苏东坡在五十二岁担任杭州太守时修筑的。据记载，当时西湖里淤泥很深，淤泥中长满杂草，苏东坡动员民众铲杂草、挖淤泥，既疏浚西湖，又筑成长堤，使之横跨湖面，绵亘数里，夹道杂植花柳，中有六桥。原先南边到北边要沿湖走三十多里，“环湖往来，终日不达”，有了长堤，南北沟通，方便极了。杭州人把这条堤称作苏堤，一直叫到今天，就是为纪念苏东坡的这个政绩。林语堂在《苏东坡传》里写道，苏东坡在杭州时一直在为民众兴利除害、埋头苦干，足足一年半时间无暇去悠闲地读书，在为民众干实事和为自己读书写作二者之间，苏轼选择了前者。这段时间里，他完成了杭州的供水分流、疏通盐道、重整西湖、平抑粮价、热心赈灾等老百姓最利益攸关的一系列大事。古人说道德文章，没有一种崇高的心灵，心里没有装着老百姓，是不可能为民众办实事的，何况他在办实事的同时还受到诽谤，要时时当心背后射来的暗箭。正因为他一直在创造着生活，从创造中获得乐趣，所以他笔下的诗文注定是丰富多彩、热情洋溢、深刻动人的。

不要以为当官一定要在一个地方当得长，频频亮相，才会令民众记得住。包拯在开封府任职不过一年零三个月，苏东坡在杭州任太守才一年半时间。特别值得一提的是，苏东坡在登州府（今山东蓬莱县）做“军州事”即军区司令兼行政长官时的事。他上任才五天，就接命令召还京城。五天，能干什么呢？登州府当时推行榷盐——食盐官卖，里边弊端丛生，他回京后即向朝廷递上《乞罢登莱榷盐状》，获准后为蓬莱及附近地方人民争得了不食官盐的优惠，历代承袭，直至清代。他站在蓬莱阁遥望大海的同时，还分析了登州的战略地位，指出“见其久安，便谓无事”的危险性，就此也给朝廷写了报告。后来这儿不断出现倭寇侵犯的事，证明苏东坡确有远见。匆匆五天，竟在安民保国两方面都留下了建树，人民怎么会忘记这样的“干部”呢！蓬莱阁上如今仍屹立的苏公祠，始建于何年不详，但是苏东坡一直被登州人民记在心中是无疑的。据介绍，登州、莱州早些年几乎县县都立有“苏公碑”，碑上刻的既不是造像，也不是颂辞，而是《乞罢登莱榷盐状》全文。“五天登州府，千年苏公祠”，当地流传的这两句对苏东坡的赞颂一点也不逊于对其诗文赞美的力度。

我想，这十个字对今天大大小小的干部来说，也许会有所启示吧！

# » 人，很复杂

有一阕《满江红·登蓬莱阁》词，作于二十世纪三十年代日本侵占东北、华北大片领土之后，全文如下：“北望满州，渤海中风潮大作。想当年，吉江辽沈，人民安乐。长白山前设藩篱，黑龙江畔列城郭。到而今，倭寇任纵横，风尘恶。甲午役，土地剥；甲辰役，主权夺。江山如故，异族错落。何日奉命提锐旅，一战恢复旧山河。却归来，永作蓬山游，念弥陀。”

词作者爱国之心溢于纸面。那么，这是谁呢？出人意料的是，他的大名叫吴佩孚，直系的军阀头子。

我无意去为任何一个历史人物翻案或美化，因为我相信时间可判别一切，历史能证明曲直，复杂的生活如果任文人的笔墨去揉碎或掰拢，真能给社会留下谬误或笑柄。

不管怎么说，可以肯定的是，生活的复杂错综，同样反映在一个人的一生中。绝对的好人，从懂事起到闭眼睛，一件坏事、错事也没做过，“读书志在圣贤，为官心存君国。守分安命，顺时听天”者，我相信会有，不过不会很多；绝对的坏人，头顶长疮、脚底流脓，狎昵恶少、谮诉嫉谄、淫盗颓舛之流，我相信有不少，但也不会很多。恐怕多数的人，主流是好的，也干过差事、错事，甚至动过坏脑筋。那些已经定论是坏人的人，本质上是坏的、恶的，但是其一生也许也干过一两件好事，也有某种气节。人就是这么极其复杂地相处在一起。因此，盖棺定论没有错，只要还活在世上，很难就可以一语中的，下出合乎分寸的结论。有些已经盖了棺的，也可能发现新的材料，推翻已作的定论。这样的事可不在少数。

吴佩孚当兵以前靠算命为生，后投靠袁世凯，历任标统、团长、旅长等职，曾因与蔡锷的云南护国军交战有功，被袁世凯授为陆军中将。后吴又讨伐张勋复辟。“五四”运动中，段祺瑞卖国政府成为众矢之的，吴也发出通电，反对在“巴黎和约”上签字，支持学生运动。1923年，吴又残酷镇压京汉铁路工人的大罢工，血腥屠杀罢工工人和共产党人，是“二七惨案”的罪魁祸首。以后他的部队被北伐军击垮，逃到四川依附于该省地方军阀。“九一八事变”后，他蛰居北平。日本侵略军策动汉奸发动所谓“华北自治运动”，企图把吴拉出来做傀儡，吴断然拒绝。“七七事变”后，日军要他出任“北平维持会会长”，他也坚决拒绝。日本特务头子极力想要他出山，他则提出日本从中国撤兵作为交换条件。日本人十分忌恨他，必欲除之而后快。据说，吴佩孚牙疾发作，日本特务介绍日本医生为他开刀拔牙，当天暴卒于寓所。吴是个镇压过学生运动、工人运动的军阀，但他晚年坚决不被日本侵略者所利用，有那么一股民族气节，是很不简单的。上面引的那首“满江红”词，正是他当年抒发胸臆之作，而且表示愿意带兵去抗击日寇，“何日奉命提锐旅，一战恢复旧山河”。试想，没有炽热的爱国热忱，怎么写得出来！

请看，一个人的思想活动、内心深处，何等曲折复杂！有的人除了一时十分明显的非黑即白、不红就绿外，也会出现许多微妙的、曲折的变化，因而又白又黑、黑中带白、白里夹黑、红中显绿、绿里透红等现象都会出现，特别在生活并不安定、生命朝不保夕的环境里，更是如此。如果用简单的形式逻辑去套生活，那很多社会现象就无法解释。用简单的形而上的思路去反映生活，去创作文艺作品，生活的极其复杂的一面、人性中错综多彩的一面不见了，导致我们的文学作品、电视剧、电影作品拍了不少、发表不少，而受到观众欢迎的、值得一看的、耐得住看的寥寥无几。

需要从多角度来看人，用发展的观点来论人，从大节和小节的结合上来了解人，述说这些浅显的道理，并非多余。比如，注解《鲁迅全集》的先生，都是些历史、文化、思想、文学界的权威人士。我只是觉得像杨荫榆女士在日本侵占苏州后，为了维护女学生不被玷污，与日本侵略军据理力争，被兽军一脚踢进河里去殉节，这一个历史事实就似乎应当在杨荫榆这一条注解里注明。可惜，我手头的《鲁迅全集》（1981年第1版）中，只是注明杨是“江苏无锡人，留学美国，当时任国立北京女子师范大学校长。她依附北洋军阀，并与当时北洋军政府的教育总长章士钊勾结镇压女师大学生”这一点，当然也不忘记注明其去世在1938

年。这样的注解窃以为颇不全面，如果好奇的读者发问：杨荫榆这个人怎么死的？注者是不可能回答的，只是让读者老是悬念在心，居心何忍！我中学里读鲁迅先生的《纪念刘和珍君》一文后，和多数学生一样对杨荫榆恨之入骨，直以为属“反动派”一流；几十年过去了，前不久读到苏雪林先生写的有关回忆杨荫榆的文章，特别是杨和日军对抗被日军杀害一节后，不觉间对生活、对历史、对中国文化人的了解又加深了一层。如果注解中注明杨荫榆后来寓居苏州时被日军杀害，既不会影响鲁迅先生当年指斥杨的文章的威力，也表明了实事求是、还历史真面目的科学态度，何乐而不为？章士钊先生高寿，新中国成立后为国家为民族也为中国传统文化做了许多好事，而能让人化解不少对他几十年前任教育总长时的为虎作伥的愤懑，这也正好从另一侧面证明看人看事绝对化的偏颇。

晋朝人王献之年幼时，看人“博戏”，说某人必败，某人讥笑他从管子里看豹，只能看到一斑。管中窥豹，所见片面。失之毫厘，差之千里。了解一点历史常识，我想在改革开放的新的社会环境里，在瞬息万变的状况下，对人对事的估价能尽量减少点单一化和绝对化，善莫大焉！

# » 岳王庙归来随感两则

杭州西湖之侧、栖霞岭下有个岳王庙，内有岳飞、岳云、张宪三墓，墓前跪着秦桧夫妇、万俟卨、张俊四人。后人题联：“青山有幸埋忠骨，白铁无辜铸佞臣”，道出了人们的心声。凡是来杭州的，都愿意去岳王庙一走，并且似有所得地离开。我已经记不清进过多少回岳王庙，每去一回，就多了几句话蓄积在胸，现在便生出这么两则随感来了。

## 一超过四万

以前总认为，陆游一生写诗近万首，实在够高产的。试以诗龄六十年来算，平均每年一百六十来首，每两天就有一首。他还要行军打仗、入幕参议、读书、会友，总之，这就很不容易了。不料，有资料显示，乾隆皇帝写了四万多首诗，这是目前为止中国写诗最多的一位。然而，翻开任何一本文学史，没有一个著者会把乾隆归入大诗人、大文人的行列。乾隆在全国各地的名胜古迹都留下了韵文，并由当地官员镌刻在石碑上，他的韵文有一股御驾亲征、君临天下的派头，文字堆砌、诗味稀淡；倒是他的书法还可以让人细看，至少还是花过一番苦练功夫的，加上雕刻的技艺比较高超，所以留存至今还变成了当地的文物宝贝。

遍观历代文人骚客，真正有名的，并不在于留下多少文字，而在于写出了些什么。大诗人陆游虽是高产，但真正脍炙人口的好诗为数也并不多；有的诗人则一辈子也就是一两首诗作垂诸后世而不朽。好诗之所以真正能流传后世，往往是出自诗人内心深处的情感，有发人所未能发、透过生活表面现象提出警世内涵，令读者为之心折的作品。

比方说，岳飞抗金兵，尽忠报国的故事，家喻户晓。在岳王庙的“精忠园”里有碑廊，里面陈列了南宋以来许多名人、学者、文士的诗词，都是赞颂岳飞一家人功绩，咒骂秦桧一家人罪恶的作品。就连秦氏的后人来岳王庙后都叹道：“人从宋后少名桧，我到坟前愧姓秦。”由此可见一斑。然而，却有一个胆大的文人，敢于直陈岳飞的“短视”，看不透复杂的世事和南宋皇帝赵构错综的心事。这个文人叫文徵明，乃明朝嘉靖年间人氏，他写了一首《满江红》词，不同凡响，如今越读越觉得他写得好。全词如下：

拂拭残碑，敕飞字依稀堪读。
慨当初倚飞何重，后来何酷！
岂是功成身合死，可怜事去言难赎。
最无辜，堪恨更堪怜，风波狱。
岂不念，中原蹙？

岂不惜，徽钦辱？

但徽钦既返，此身何属？

千古休夸南渡错，

当时自怕中原复。

笑区区一桧亦何能，

逢其欲！

原来宋高宗赵构是宋徽宗赵佶的第九个儿子。本来赵佶已经把皇位传给长子赵桓，史称钦宗，后来金邦在靖康二年攻破汴京，把徽宗、钦宗俱俘获，押到黑龙江省去“劳改”；赵构在破城时侥幸南逃至杭州，立了南宋皇朝，当了皇帝，史称高宗。当时反对金邦入侵的正直文臣武将都把靖康二年看成奇耻大辱，岳飞在《满江红》里有“靖康耻，犹未雪。臣子恨，何时灭”句，誓欲迎还徽宗、钦宗，打败金邦。赵构对此并不舒服，很明显，徽宗、钦宗迎回来，自己的位置怎么摆？还能稳当皇帝吗？当时金人送还徽宗灵柩并送还赵构生母韦太妃，钦宗赵桓在送别韦太妃时哭求道：“归语九哥，使我南归，为一宫观便足矣！”韦太妃伤心地答应了。但到了杭州，她见到高宗的神情，便识时务地把到嘴边的话咽了下去。所以，当内奸秦桧串通金邦议和时，搔到了赵构的痒处。秦桧镇压主战派，正合赵构心意。否则，一个秦桧有什么特权敢连下十八道金牌召回前线连连捷报频传的岳飞？敢诬陷岳家军谋反？与岳飞齐名的大将军韩世忠质问秦桧，岳飞犯下何罪时，秦桧有恃无恐地以“莫须有”三字回答。韩世忠气愤难耐地说：“莫须有三字何以服天下！”韩愤而辞职，居然也被应允，赋闲在家无所事事，然而前方正缺这样的统帅。由此可见秦桧冒天下之大不韪杀害岳飞父子是背后有赵构授意、支持、默认的。

赵构在修建太庙祀奉历代皇祖时，独缺北宋末一代皇帝、他的长兄钦宗赵桓，可见根本不承认他的地位，骨肉之情在权位面前是一文不值了。这也可以明显看出他是大奸臣秦桧的靠山。

文徵明比许多文人高明之处，在于他看透了这一点。他把岳飞这一段壮烈殉节的故事的背景指了出来，让人耳目一新，而且不得不佩服他看得深、看得透。他的这一阕词，反复传诵至今，也让人由此及彼可以对复杂的世事擦亮眼睛，透过表象看到真正的要害。

文徵明的一阕词远胜乾隆四万首无关痛痒的诗。文徵明这阕词，乾隆是永远写不出来的。文人，在中国有名有姓的数不胜数，显赫一时的也不少，而真正高明，又不是昙花开时鲜艳无比、开不多久即败的那种文人，实在屈指可数。

## 好人未必活得长

有些话经不起事实的检验，比方说，“恶人不得好死”、“好人活得长久”，就不完全符合生活事实。你看，岳飞只活了三十九岁，韩世忠后来赋闲，但也只活了六十三岁。可是秦桧做了十九年宰相，活到六十六岁，死在相位上，并追赠申王，谥忠献。不久，岳飞冤案平反，秦桧王爵一度被追夺；可是死了五十三年之后，昏君皇帝给这个大奸臣又恢复王爵和赠谥。与秦桧一起设奸计陷害岳飞，如今也跪在岳武穆坟前的万俟卨，活到七十五岁。另一位张俊，曾与岳飞、韩世忠齐名的南宋三大名将之一，曾力劝赵构即位而受宠，以后又与秦桧勾结，诬陷岳飞“有逆谋”，致岳飞及其子岳云、大将军张宪在风波亭遇害，此人也活了六十九岁。那个居心险恶的赵构皇帝，活了八十岁。在那个时候，这是高寿，不亚于如今活过百岁的程度。在南宋历史上不甚有名的主战派宰相范宗尹，曾经受秦桧蒙蔽，力荐秦桧入朝，秦桧一朝权在手，立即排挤范宗尹出朝，范后悔不迭，错看了人，但无力回天。可怜范宗尹克死他乡，只活了三十六岁。

好人为什么寿数不长？我曾百思难解，现作以下几点猜想，不知可否有理？

好人一般只看重事业，事业第一，凭本事立足，为了事业不惜身家性命，心思单一，总以为上苍、皇帝会看到自己尽忠报国、忠心耿耿，会知道自己号召“文官不贪钱、武将不怕死”正是忠于朝廷的明证。他哪里会想到同僚的险恶、朝廷的阴谋、皇帝的卑劣？岳飞临刑前大笔书写“天日昭昭，天日昭昭”八个字，徒唤苍天，他确实不会想到自己创立岳家军，在前线浴血奋战，大败金兵，功绩显赫，却被“西湖歌舞几时休，直把杭州作汴州”的人所陷害。老实说，岳飞真要倒戈，区区南宋小朝廷，顷刻之间就会土崩瓦解。可悲的是，岳飞连一丝半点造反的念头也不会萌生，要是他的部下有这种念头保准会被当成罪孽深重的人吃上一刀。而坏人则是八面玲珑，哪里有利哪里钻，嘴上搽蜜，手里动刀，笑里藏刀，暗中下手，图谋得逞，荣华富贵不会错过，日子好过得很。秦桧、张俊、万俟卨、赵构等丑类，不就是这样的吗?

好人不懂得时时处处设防，不会去多种角度思忖利害得失，不会权衡利弊得失，好像走路只晓得笔直向前，不知转弯抹角投上所好，不会鉴貌辨色拍马吹牛献媚，“待人无半毫诈伪欺隐”。而坏人恰恰相反。古人云：“惺惺常不足，蒙蒙作公聊。”意谓聪明的人往往得不到好报，那些糊涂虫和庸才反而节节提升。偏偏糊涂虫庸才吃香睡甜，保养得法，这帮家伙尸位素餐、行尸走肉，整天算计别人就是不会得癌；养尊处优，脑满肠肥，就是不会得脑溢血，真会气死义愤填膺的读历史的后代子孙。然而，《增广贤文》里有几句极为精彩的话：“事业文章，随身消毁，而精神万古不灭；功名富贵，逐世转移，而气节千载如斯。”好人虽然少活几年的事有不少，但是少活不等于就能毁灭其精神；多活些年的出丑卖乖，不过在为他的遗臭万年多添些货色而已。

## » 雄魂壮西湖

没有人抗得住西湖秀美的诱惑。无论天气阴晦或丽日当空，无论雨雪霏霏或大风呼啸，任何时候，从任何一个角度去看，西湖都是一种美的化身，或有静如处女的娟秀，或有下山猛虎的英武，或有饱学之士的儒雅，或有月照山涧的含蓄。白居易写春西湖：“湖上春来似画图，乱峰围绕水平铺……未能抛得杭州去，一半勾留是此湖。”杨万里写夏西湖：“接天莲叶无穷碧，映日荷花别样红。”苏东坡写狂风暴雨时的西湖：“黑云翻墨未遮山，白雨跳珠乱入船。卷地风来忽吹散，望湖楼下水如天。”曾以“先天下之忧而忧，后天下之乐而乐”自诩的范仲淹，在逝世前一年，写下了《忆杭州西湖》的绝句：“长忆西湖胜鉴湖，春波千顷绿如铺；吾皇不让明皇美，可赐疏狂贺老无？”他希望朝廷能像唐明皇赐贺知章归老鉴湖那样，也让他晚年归宿西湖。可见西湖给他留下了多么美好的印象。

但如果西湖的山水亭榭只有浅表的感官的美，似乎又显得平淡了些。正是那拍岸湖水絮絮不停地诉说着历史的惊心动魄，才使西湖凝聚着一股刚烈的不屈之气。

岳飞的故事，是家喻户晓的。栖霞岭下岳王庙大殿重檐上，悬挂着“心昭天日”的横匾，收拢了无数游客的目光，引发他们进入思索的历史隧道。明朝正统年间的于谦是岳飞遇害三百年之后遭受残害的又一忠良。他是杭州人，十七岁那年参观石灰窑时即兴写下了《石灰吟》，借物喻志：“千锤万凿出深山，烈火焚烧若等闲。粉骨碎身全不怕，要留青白在人间。”历史上有不少人写得慷慨激昂，干的却是鸡鸣狗盗，而于谦绝对是个廉洁勤政、刚正不阿的人，二十三岁中进士，开始仕途生涯。他走马上任，在院门前立两块木牌，一块上写：“求通民情”，另一块写：“愿闻利弊”。他体察民情，兴利除弊，在江西任上三年时间就昭雪冤狱数百人，斥革犯法的王府官员，黎民百姓称之为“于青天”。后在河南、山西等地又兴修水利、筑道开路、植树挖井、贷粮济贫、施药救难等，虽身居高位却始终过着“食无兼味，衣无累帛”的淡泊生活。当时朝廷里宦官王振专权，受到英宗皇帝宠信，于谦要进京朝见皇帝，有人劝他带点手帕、蘑菇、线香之类礼品。于谦笑着挥动两个衣袖说：“这就是我的礼物——两袖清风”，并提笔写了一首《入京诗》：“手帕蘑菇及线香，本资民用反为殃。清风两袖朝天去，免得闾阎说短长。”在他五十一岁那年的七月，蒙古族瓦剌部酋长大举南侵中原，把持朝廷的宦官王振挟持英宗轻率迎战，结果全军覆没，英宗被俘，史称“土木堡之变”。消息传来，全国震动。当时北京仅存老弱残兵不满十万，危在旦夕。于谦临危受命担任兵部尚书，坚决抗敌，保住了北京。于谦五十九岁时，被以“意欲谋反”的罪名判处死刑。抄家时，“家无余赀”。行刑那天，北京城内乌云密布，几万市民沿途泣立，与这位忠良诀别，暗骂奸党不止。于谦遇害后，遗体由他的子女运回杭州葬于三台山麓。于谦遂与岳飞天天相向而望。

又过二百来年，出了个张苍水，宁波人，崇祯时的举人。当清兵攻陷南京并进兵浙东时，他领兵抗清，后与郑成功联合兵分二路北伐，直打到南京和安徽南部。旋因郑成功兵败，他孤军深入没有救援，才退回浙东，解散余部，悄然隐居。后来康熙大一统时他被抓遇害。他写道：“国亡家破欲何之？西子湖头有我师。日月双悬于氏墓，乾坤半壁岳家祠。”民族英雄张苍水对岳飞、于谦的仰慕之情溢于言表，在岳王庙内为张苍水立祠，自然也是众望所归。

西湖是一面明镜，是一面明辨正邪的照妖镜。后人审视历史，更为客观公正，不需要谄媚，也没有利害冲突。清朝才子袁枚写道：“江山也要伟人扶，神化丹青即画图；赖有岳于双少保，人间始觉重西湖。”他把自然景观与人文景观结合起来，而把人文景观放在第一位。秦桧的后人来到西湖后叹息说：“人从宋后少名桧，我到坟前愧姓秦。”据说，印刷中通用的仿宋体字，是秦桧发明的，按理应称作秦体字，就因为秦桧奸恶歹毒，有一点才气反助他益发阴险狡诈，后人不称秦体，取名仿宋体。自古忠奸似冰炭，很难两立。赞忠仇奸，历来是中华民族的传统美德。

## » 汤显祖“四香”律己

“今不如昔”是个谬断，因为社会、自然和人都在发展，“比如积薪，后来居上。”然而，“今必胜昔”虽是个规律，也有例外。

那是因为我突然想起了汤显祖。

他是江西临川县人，和王安石是老乡。不过一属北宋的政治家、文学家，一是明朝的戏剧家。汤显祖脍炙人口的《还魂记》《邯郸记》《南柯记》《紫钗记》，人称“临川四梦”，早在二十世纪初就被译成多国文字介绍到国外。日本有个学者叫青木正一，曾说：“汤显祖先于莎士比亚十四年而出生，后莎士比亚之逝一年而卒。东西剧坛伟人，同出其时，亦奇也。”

我之所以钦佩汤显祖，不光因为他有多部戏剧、诗文作品流传后世，老实说，有好诗、好文、好画、好字、好戏传世而其人并不值得敬之、佩之、服之的，数数指头，近现代尚有不少。

汤显祖二十七岁年少气盛，正是大干事业之时，权居宰相之位的张居正，两次派人去找汤显祖谈话，只要汤肯为张的儿子辅导辅导，就肯定会取得功名。汤显祖知道张居正权势炙手可热，但他不愿依附权贵，他表示倘接受张居正拉拢，好比处女失身，毅然拒绝权贵宠幸，放弃显进良机。做官要找靠山，如今靠山找上门来，他却视之如敝屣。现在那些热衷于功名利禄、跑官要官者，够得上他一个脚指头吗？

在浙江遂昌县当知县时，汤显祖“锐然有志于世”。眼见皇帝及其臣僚荒淫腐化，对百姓敲骨吸髓。他直言上疏，一无所畏，并讥讽说：“当知雨也愁抽税。”后来见自己人微言轻，无补于百姓，便决然辞去县令。他认为，不当官就不会同流合污。这在当时极为难能可贵。曾有亲朋好友劝他复出为官，他表明心迹：“无意仕途。”平日起居简朴，用满腔热血来写戏、赋诗，充分揭露当时压迫者的黑暗与罪恶。

最为难能可贵的是，近四百年前的汤显祖，却有现世人们也未必做得到的“四香”律己准则：“不乱财，手香；不淫色，体香；不诳讼，口香；不嫉害，心香。”他十分鄙视那种“侧行俯立，好语巧笑，随人浮沉，都无眉目”的软骨头、贱骨头。所以，清朝临川知县江召棠曾为汤墓题过一副对子：“文章超海内，品节冠临川。”其赞誉高出同样是临川人骄傲的王安石，尽管王安石贵为宰相、唐宋八大家之一，比汤显祖的官大得多，名气也似乎大得多。

在记载中国历朝官员的史册中，不容易找到汤显祖的政绩。但是，若论汤显祖在文学史、戏剧史上的地位，可是中外闻名，煌煌大哉；要论汤显祖的品节，如今要超过他的文人、明星、传媒人和官员，那可就不太多了。

## » 有感于“武义耻汤”

蒋介石溃败大陆前夜的京沪杭警备总司令汤恩伯，是浙江省武义县人氏。此人自小困苦，靠一位同乡朋友资助才赴日学军，后又得力于国民党元老陈仪的拔擢才一步步高升。汤在河南上任时，老百姓曾讽之为“旱、涝、蝗、汤”，成了中原四大灾之一，可见其劣迹之尤。据说，他在飞黄腾达之后也回归故里几次，但那位资助过他的朋友却避之唯恐不及，毅然与其断交。汤恩伯当面称陈仪为“义父”、“恩师”，但当陈仪面临解放军大军横渡长江之后，意欲起义并要汤弃邪归正时，汤却给蒋介石打小报告，并诱骗陈仪赴台，被蒋下令枪杀于台北桃园机场。也许那个早年资助过汤的老乡，已经看出汤不是个好角色，早早了结这层情缘还是明智之举呐！

自古而来，人们是看重“义”的。这里说的“义”，自然是指正义的行为、公益的举止。为什么我们赞赏抢救落水儿童奋不顾身、扑灭大火英勇献身、抗争残虐不惜力搏、扶助孤残慷慨解囊，也肯定不赚昧心钱、不说昧心话、不做昧心事的高风亮节，就因为这些行为举止都堪称高尚，也就是说与这个“义”有关（那种抱成一团干坏事、动歹念，说是“讲义气”，与我们讲的“义”风马牛不相及）。因此可以说，凡是干下了出卖义举的人，肯定逃脱不了钉于历史耻辱柱上的命运。汤恩伯卖“义”求荣，是反动本性病入膏肓的铁证，也是其品性低下道德沦丧的大暴露。武义人耻言这位同乡，其心情当然是可以理解的。

凡是上了点年纪的人都不会忘记，以往的那种政治运动中，总有那么一些人或是吓破了胆，或是急不可耐地把至爱亲朋抛将出来，求荣、求上、求安。谢天谢地，如今那种贩卖无辜、出卖义举之类，已经没有多少可以表演的舞台了。然而，不义之举，负义之行，就像地底下温热的熔岩，不从这个口子喷溅，就会以另一种方式冲击。难道如今信义丢弃脑后、道德不值分文、逼良为娼、拐卖妇女儿童、不顾国法以假乱真，甚至拦路抢劫，出现得还少么！

孔子曰：“道之以政，齐之以刑，民免而无耻；道之以德，齐之以礼，有耻且格。”用现在的话说，如果百姓虽不敢去犯法，却毫无廉耻之心，什么样的不义之举都敢出手，一旦有“擦边球”或空子可钻是会不惜以身试法的。如果从提高人的整体素质入手，有了羞耻之心，就会洁身自好，自然更不会去违法犯罪——当然，仍离不开法律及禁令作后盾。

正义的行为、高尚的操守、公益的举止，均是精神文明建设的重要内核。而道德意识的堕落、正义行为和公益举止被看成“傻帽”，这是一点也疏忽不得的。

## » 孺子亭·干草·送礼风

南昌市中心有个“孺子亭”，八角翘檐，鹤立于假山之上，别有风姿。据《后汉书》介绍，东汉末年，不少士大夫纷纷自愿入仕。徐孺子学富五车，宁肯自耕自耘，非自力不食，视名利如粪土。一次，他的好朋友郭林宗之母去世，徐孺子带上一束干草去祭奠，把它放于坟前即归。众人纷纷责怪，郭林宗却说：“你们不知道徐孺子的心意，《诗经》里不是有‘生刍（干草）一束，其人如玉’的诗句吗，他是在夸奖家母啊！”徐孺子和郭林宗彼此知之甚深，这种君子之交绝非市井浅薄之徒能度量的。

徐孺子洁身自好，清心寡欲。后人仰慕他的高风亮节，在他的旧宅基上筑台建亭，称作“孺子亭”，历经一千八百多年，一直是当地的一处胜迹。

没有去考证过，我国送礼之风始于何时。但是像徐孺子那样的好友母丧，献一束干草的，实在不多见。即使在现今，如果某友丧母，阁下送上百元钱奠仪，那还可以。如果买上一百束干草去祭奠，可以断定，别人不是怪你老兄吃错了药，就是会坚决对阁下“敬”而远之的。

自然，这般做，也得有郭林宗的洁身自好才行。当众人责怪徐孺子之际，他挺身而出为其辩诬，这也是颇不简单的。我想，送礼之风能不能煞住，与各式各样的徐孺子和郭林宗们的一言一行，极有关系。

有的人唯恐巴结上司之不及，唯恐使朋友少得选票，使尽一切解数，送礼、串门、请客、谄媚，无所不用其极。因为这号人也深知，“投之以木瓜，报之以琼瑶”，只要目的达到，出手多少，自会加倍捞回的。

历来的风气是，棍棒不打送礼人。有的甚至看礼物之多少、轻重、厚薄，而付出笑容之多寡。不是有人送一条“烟”给上司，每支“烟”是用十元或百元的一张人民币“卷”起来的，从而“农转非”调进城、换工种之类都顺顺当当了吗？

除了下级给上级送礼、有求于人得送礼之外，现在已经蔓延到无论什么事，在民间也都得互相送礼不可，而且以送礼多少来衡量友情深浅。送礼之风名目繁多：红白喜事、考上大学、乔迁新居、做生日、就业参军、提干、生个儿子，直到春节的压岁钱、孩子入小学纸笔礼……叫人喘不过气来，而且还要互相攀比，礼品越来越高档化。

我不反对朋友之间、上下级之间有往来而互相馈赠。在信息时代，人与人之间少不了友情来往。俗话说：千里送鹅毛，礼轻情义重。凡金钱能标价的礼品，即使价码很高，也都是有限的；真正的情义、真正的礼品，是无法明码标价的。友谊的车轮靠礼品的贵重来润滑，那还能行驶多久呢？

向瞿秋白发出“人生得一知己足矣，斯世当以同怀视之”感叹的鲁迅，与瞿两人的深厚友情，靠的是共同的理想；八十七岁的俞平伯和年过九旬的叶圣陶心心相印，靠的是同一的志趣。他们都有个特点：洁身自好，鄙恶陋习。

社会风气之好转与否，我以为有个最简单的测度表：看一看送礼者为了什么要破费，查一查受礼人前后态度变不变。

## » 南通骆宾王墓

江苏南通市有个秀美的狼山风景区，站在海拔不过一百来米的狼山顶上，只见长江似一条玉带盘旋而去。全山四周松柏茂密，寺院塔殿和亭台楼阁隐约出没，加上历代文人名流的书画碑刻，真正令人大开眼界、大长见识。

然而最让我感兴趣的是，在狼山东麓，居然有着骆宾王之墓。浙江义乌人骆宾王以文才被誉为“初唐四杰”之一，他七岁时作的诗“鹅、鹅、鹅，曲项向天歌，白毛浮绿水，红掌拨清波”，如今已成为小学生的课文。

骆宾王一生并不得志，年轻时生活潦倒，后来担任御史一职，类似如今监察部门的官员。在一次上疏论事时触怒了独断专行的武则天而下狱。在狱中他写了《咏蝉》诗，其中有“无人信高洁，谁为表予心”，发出了痛苦的呼声。出狱后他支持和协助扬州刺史徐敬业造反，作檄文痛骂和声讨武则天。徐敬业兵败被戮，武则天下令要限期抓获骆宾王。南通的朋友告诉我：当时骆宾王拟从长江口出逃高丽，遇大风，船无法东行，他只得亡命于

“邗之白水荡”即今南通所属的启东县一带，隐姓埋名活了下来，死后葬于南通。但骆墓直到明朝才被发现，明正德九年，南通有一曹姓农民在城北黄泥口开荒掘地时发现一墓，墓碑有“唐骆宾王之墓”。此人吓得将墓碑打碎了。清乾隆十三年，有人根据记载在黄泥口一带搜寻，找到墓地并见断碑，就将它们一齐移葬狼山。一代文雄，就此长眠于此。

但是，在义乌相邻的东阳目前由唐延续至今的骆姓人民已近三千人。据县志介绍，这些均是骆宾王的后裔。也许骆宾王在决心赴扬州造反时，已把家人从长安送回家乡一带避祸。宋朝的李颀在所著的《古今诗话》中告诉我们，骆宾王兵败后曾在灵隐寺出家为僧，也是诗人的宋之问那年被贬路过杭州去游览灵隐寺，秋夜月色迷蒙，他信口吟出“岭边树色含风冷”，却苦苦对不出下句。这时有个坐在蒲团上的老僧说：“石上泉声带雨秋。”对句工整高雅，令宋之问为之惊讶。他又说：“灵隐寺泉石秀美，欲赋一诗，只作得头两句：‘鹫岭郁岧峣，龙宫锁寂寥’，不知能否为我续联？”老僧略一思索，随口便吟出“楼观沧海日，门对浙江潮”这两句对仗工整、形象壮观的诗。宋之问断定此老僧决非等闲之辈，认定便是骆宾王。宋之问离开灵隐寺后不久，老僧悄然不知去向。骆宾王是何等聪明的人，他知道这个宋之问的为人，虽说诗才尚可、文辞华靡，但人品不佳传闻已久：他曾谄事武则天男宠张易之和太平公主；他还剽窃外甥刘希夷的诗句，甚至为了灭口还将外甥置于死地。这种人即使有那么一点文采，但其恶劣的品行实在令人侧目。经历无数风风雨雨的骆宾王岂能轻易地相信他不会再去密报献媚？于是骆宾王离开灵隐寺来到东阳县六十八都（今上卢镇附近），继续隐居，到五十八岁时在郁愤中离世。他的家族子女大部分躲在东阳孝德乡十一镇（今歌山镇），靠泥瓦和陶瓷手艺谋生，如今歌山的古瓷窑已成为浙江省的重点文物保护单位。

如果骆宾王在东阳去世，他的墓岂能在南通？好在长达千余年中，浙江与江苏从未为骆宾王墓究竟在哪儿发生过争执。南通朋友告诉我：骆宾王后人常从浙江来南通扫墓，以诗来咏悼的人士也不少，有的写道："烈骨销香灵不灭，霸才落魄事多奇"；"千载来招义士魂，残碑忽现震乾坤"。清人曹星谷有诗："萧萧黄叶下江门，千里还来扫墓孙。拜罢有诗焚且去，断松残碣哭忠魂。"

无论是谁，倘与封建专制者作对，肉身可以被消灭或隐蔽；然而，英魂及其留下的作品，那是屠刀和利剑也砍削不掉的。

## » 读联随想

安徽省定远县城隍庙内如同所有庙宇道观均有对联一样，也挂有一副长联，读后赞绝者认为联内居然嵌有五种味道、五样颜色，真不简单：

泪酸、血咸，悔不该手辣、口甜，只道世间无苦海；

金黄、银白，但见了眼红、心黑，哪知头上有青天。

我读到此联时，便注意寻找五种味道、五样颜色，果然，上联含有酸咸辣甜苦五种味道，下联也有五样颜色：黄白红黑青。但是，我想这副对联的作者绝不是仅仅为了炫示自己撰联时能嵌进五色五味的才华。明白不过的是，作者在警示：口蜜腹剑、口甜手辣的人，老想让别人倒霉的人，总以为得计，但想不到最后落得自己血泪斑斑，后悔莫及。见了金银财宝，眼睛出血，心里贪婪，总以为捞进口袋能哄得过人家，哪知道总有一天自己要戴枷锁，追悔终身。

说得实在妙极了，闭起眼睛想一想，不是很巧妙、很深刻、很明智、很鞭辟入里吗？

二十世纪二十年代时陶行知针对教育完全脱离实际、学农的不懂农这一现状，写道：

和马牛羊鸡犬豕做朋友；对稻粱菽麦黍稷下功夫。

言辞恳切，对仗工整，不失为一副通俗易懂的好联。

在旅游胜地杭州，出现运用叠字修辞手法撰写的对联，把汉字特有的美发挥得淋漓尽致：

重重叠叠山，曲曲环环路；

高高下下树，东东丁丁泉。

这是描摹九溪十八涧的山、路、树、泉的妙对，历百年依然传诵不绝。有个鞋匠在自家屋里贴一联：

大楦头，小楦头，乒乒乓乓打出穷鬼去；

粗麻绳，细麻绳，吱吱嘎嘎拉进财神来。

读起来清脆痛快，可见生活气息多么浓烈！

南宋大词人辛弃疾是去世在江西省铅山县的，十多年前，我曾专门驱车来到距铅山县城外几十公里处山清水秀的辛弃疾坟前，拜读郭沫若的一副挽联：

铁板铜琶，继东坡高唱大江东去；

美芹悲黍，冀南宋莫随鸿雁南飞。

上联很明显是代表后人肯定了辛弃疾一生创作的六百多首词，在中国词坛上的举足轻重地位，词风与苏东坡的豪放可相媲美，词坛称作“苏辛”；下联表明了辛弃疾在政治上的积极主张，他一腔忠诚的爱心和多次抒发统一祖国山河的强烈感情。当年站在辛弃疾墓前的我，仰首悠悠云天，默默注视郭老手笔，谛听唧唧虫鸣，涌起沉沉思绪……

据说明末清初文学批评家金圣叹被冤杀，同子女告别时作了一副对联："莲子心中苦，梨儿腹内酸。"这是谐音双关联，实际上是"怜子心中苦，离儿腹内酸"的意思。生离死别，人生还有什么比这更苦更酸的？说起谐音双关联，我想最耐人寻味，叫人读后难忘的要数南京灵谷寺长老给日本刺刀扶持下的汪精卫就任"国民政府主席"的贺联了："昔具盖世之德，今有罕见之才。"这副对联实在是把汪精卫捧得再高没有了，然而，这个长老巧用了谐音，实际上是在痛骂这个奴才，"盖世"即"该死"，"罕见"即"汉奸"，"昔具该死之德，今有汉奸之才"。

闲来无事，读点对联，启人心智，引人深思，同时又可叫人发笑、令人赞叹，实在是天大的好事。

## » 读《吴越春秋》随感

英国哲学家、思想家培根在他的随笔《论读书》中说："读史使人明智，读诗使人聪慧，演算使人精密，哲理使人深刻，道德使人高尚，逻辑修辞使人善辩。总之，知识能塑造人的性格。"

《吴越春秋》（汉·赵晔著）历数吴、越两国的史事，而重在叙述春秋末期吴越两国争霸的历史故事。这部著作虽然大量取材于《左传》《国语》《史记》等史籍，却不拘泥于此，又采摭了不少逸闻传说，可以看成介于史实与小说之间的作品，读起来不像史籍那么枯燥无味，又不像某些小说那么荒诞无稽。读着读着，不禁对勾践、范蠡、西施、文种四个人产生了一些想法。

"读史使人明智"，是一句十分深刻的话。历史，是过去了的事实。否认事实是可笑的；在错综复杂的现象面前，滤去表面的草叶，面对的哪怕是令人不快的、残酷的史实，引起一番思索，这大约可以算作打开书页没有白费时间、没有白花功夫吧！

## 西施的结局

中国还没有一个女子像西施那样历经二千多年依然被千口盛传，就像一朵洁白无瑕的云彩，以清纯、可爱、美妙的丽姿留在人们心目之中。时至今日，把山、水、庙用西施命名的不可胜计：西施山、西施畈、西施镜台、西施思乡岩；西子湖、西施滩、西施画眉桥；西施庄、西施村、西施宅、西施门；西施祠、西施殿、西施坊、西施亭……西施深入人心的程度是杨玉环、赵飞燕、王昭君无法相比的，尽管她们也都是中国历史上著名的美人。

我有一个浅尝辄止的坏习惯，给我看到什么就是什么，不大去深究。比如，西施，肩负了重任去吴国，为越王勾践复国灭吴大计立下汗马功劳，说是美人计也好，说是出于爱国义愤也好，总之，西施在“十年生聚、十年教训”中起的作用，恐怕谁也抹杀不了。那么，越国胜利之后，这个西施干什么去了呢？好读书不求甚解的我，很长时间没有去思索过。以后爱钻牛角尖了，忽然想到了这个问题：西施的结局怎么样？

“西施随范蠡泛五湖而去不知所终”（见明《苎萝志》）。这种说法影响较大，东汉袁康、吴平辑录的《越绝书》中说：“西施亡吴国后，复归范蠡，同泛五湖而去。”《吴越春秋》中说：“吴之后，越浮西施于江，令随鸱夷以终。”鸱夷为范蠡离越后的名号，范蠡到齐国变名易姓，叫鸱夷子皮。西施跟范蠡走了的说法，连苏东坡也同意，他说：“五湖问道，扁舟归去，仍携西子。”以上诸说特别符合中国老百姓喜欢大团圆结局的胃口，故而范蠡载着美人“任飘摇天南海西”不胫而走，满足了群众心理和感情的需要。

“西施被沉江而死”这种说法，似乎“残酷”了一点，对西施热情有加的中国老百姓难以接受，但是论者言之凿凿，不能不让人面对真实。《墨子》中说：“是故比干之殪，其抗也；孟贲之杀，其勇也；西施之沉，其美也；吴起之裂，其事也。”比干、孟贲、吴起均被帝王所杀，与之并列的西施，因为太美了，所以也被沉了江。墨子认为，鸱夷应作“皮囊”解。就是说，西施是被装入皮袋中丢进江里去的。

也有这么一种说法：“西施归隐田园山林。”越国得胜，西施不羡荣华富贵，回家侍奉双亲，终老山林。此说历来支持者不多，因为在客观上西施不可能一个人去隐居，也不大可能回归故家，就此杜门息影。

那么，西施的结局到底怎样呢？

我倾向于越国胜吴后西施被沉于江这一说法。一则墨子距离吴越之争的时间较近，他所记载的事实可靠性大。二则我历来认为，中国帝王少有讲信义、讲道德、知恩图报的，倘受苦受难或无法登位、竞争激烈时，他会对有可能助一臂之力的人不惜一切予以礼重，而一旦达到目的登上皇位，不翻脸的几乎难以找到，杀功臣、戮忠良，几乎成了一种定规。勾践这个人，聪明的范蠡早就看出是个“可与共患难，不可与共安乐”的人，一旦胜利，是定要对范蠡、文种下毒手不可的，所以范蠡溜之大吉，文种成了屈死鬼，西施自然难逃一死。有的文学家、戏剧家出于浪漫主义想象，把西施与范蠡写成一对情人，把西施写成进吴后与夫差有了情恩难断的关系，这些推测并无史实根据。从情理上猜，西施与夫差共枕同欢二十年，夫差又待之极厚，而与勾践、范蠡相识时间短、接触少，其感情有变化是可以想见的，因而西施等到越胜后，在勾践手里活命也就益发之难了。

明朝的历史小说家冯梦龙写道："勾践班师回越，携西施以归。越夫人潜使引出（西施），负以大石，沉于江中，曰：'此亡国之物，留之何为？'后人不知其事，讹传范蠡载五湖，遂有'载去西施岂无意？恐留倾国误君王'之句。按范蠡扁舟独往，妻子且弃之，况吴宫宠妃，何敢私载乎？又有言范蠡恐越王复迷其色，乃以计沉之于江，此亦谬也。"（见《东周列国志》）冯梦龙说西施是被勾践夫人沉之于江，现代一些作家写西施的小说也有采纳此说的，但我以为，越夫人下这个毒手，不会仅仅是她个人的行为。

总之西施立下大功，遭了大难，没有好的下场，这应是生活的真实。认清这个真实，有助于了解中国错综的历史和复杂的人生。

## 范蠡的聪慧

范蠡出身贫贱。历史和生活的事实证明，贫贱比起纨绔有大好处：更懂得复杂的社会，更明白世态的炎凉，更善于保护自己，也更会利用种种时机达到目的。

请看，范蠡一到越国，就对勾践想进攻吴国提出劝阻，勾践听不进去，结果大败。勾践问范蠡：因为不听你的话，才弄到这个地步，现在该怎么办？范蠡献“卑辞厚礼，乞吴存余越”之策，动用一切手段达到存越目的。议和协议达成，范蠡随勾践夫妇到吴国做人质，含垢忍辱达三年之久，其间屡出良策，使勾践化险为夷，重回越国。后来范蠡辅佐勾践发展生产、重视军队建设，同时为了麻痹夫差，在核心里安插钉子，献上美人西施、郑旦。这一系列运作之后，勾践觉得差不多了，复仇心切，但范蠡审时度势，知道做饭要有火候，决不轻易出战。最后乘夫差北上黄池争霸，促动勾践兴兵伐吴，一举击溃夫差。范蠡苦其身心，贡献全部智慧，为勾践苦苦谋划了二十二年。胜利了，范蠡被封作“上将军”。范蠡比一般知识分子高明之处就在于，他能看透政事与勾践的为人。他对勾践说：“主上有忧，臣下就该劳苦；主上受辱，臣下就该牺牲。从前您在会稽山受辱，我所以没有死，就为了图雪耻。现在耻辱已雪，我应请示处罚在会稽山没死的罪过。”勾践说：“哪里的话，我要和你分享这个国家的权力。”范蠡说：“君王应依从律令办事，我依从的是志趣啊！”他悄悄地走了。到了齐国，不忘好友文种，给他去了封信说：“飞鸟尽，良弓藏，狡兔死，走狗烹。越王为人长颈鸟喙，忍辱妒功，可与共患难，不可与共安乐。子今不去，祸必不免！”文种不以为然，后被范蠡不幸而言中。过了二百多年，淮阴侯韩信被吕后所杀时，韩信感叹的话依然是范蠡劝文种的几句。到了朱元璋杀功臣时，这些功臣感叹的仍然不过是这几句，由此可见范蠡阅政的眼力非比一般。

范蠡到齐国，改名换姓，在海边耕种为生，住了没多久，积聚了数十万家产，齐国人不知道他是范蠡，请他出任卿相，范蠡感叹地说：“有钱，又当大官，这是一个布衣贫民最得意的事了，可是长久地接受尊崇的名声是不祥的啊！”于是，送还相印，家产送给朋友和邻里，又秘密地出走了。

当时天下的商贸中心在定陶，范蠡定居在此自称陶朱公，耕种养殖，另外对货物贩进贩出，做贸易，取利为十分之一，同时以钱生钱，获取利息，不久又累积成了巨富。天下人都知道有个陶朱公，不知道他的真实身份。有人可能认为二千多年前难道范蠡就已经有了商品经济的思想吗？这当然有待专家去考证，笔者无意去细究，只是从冯梦龙的《东周列国志》里看到，范蠡找到西施、郑旦两名美女之后：“国人慕美人之名，争欲识认，都出郊外迎候，道路为之壅塞。范蠡乃停西施、郑旦于别馆，传谕：‘欲见美人者，先输金钱一文。’设柜收钱，顷刻而满……美人留郊外三日，所得金钱无算，系辇于府库，以充国用。”这一则故事正好说明奇才范蠡很懂得谋财之道，所以他后来到哪儿都会发大财。发财对他来说不过是略施小计而已。汉朝的司马迁感慨地说：范蠡迁徙三次，都留下荣耀的名声，名垂后世，谁想不让他显扬后世，做得到吗？

奇怪的是，范蠡这个人在《史记》里出现过，别的史书里记述不多。这样一个杰出人物为何记载如此之少？我猜，一是中国几千年来讲究“学而优则仕”，当官是许多人梦寐以求的愿望，金榜题名时是人生最大的快乐。当官就有了车子、房子、票子及其他的“子”。这股当官得利风至今尚未泯灭。偏是范蠡高标独秀，反其道而行之，并且敢对皇帝出言不逊，这就难以赢得知识分子的同情，也会惹得历代皇帝的恼怒，试想如果手下臣子都像这位老兄那样，怎么得了？二是范蠡喜欢实干，不喜欢宣传；喜欢淡泊明志、韬光养晦，不爱出头露面。按理有关他的史料、逸事、事迹、经验是可以总结出许多许多的，如果有能干的笔杆子，好好添油加醋一番，传给后世的材料足可以出多少本书，但如今我们所知道的逃不出司马迁、冯梦龙告诉我们的那些。这虽然为范蠡不能登上世界级名人榜而有所抱憾，但他在历史上有这些已经流传下来的事迹，也足以证明其聪慧透顶、永垂不朽了。

知识分子从范蠡的品性中能悟透一点什么，是不会有坏处的。

## 文种的悲剧

看历史戏、读历史书，常会“替古人叹息”、“为古人掉泪”。读《吴越春秋》，我就为大夫文种叹息不止。他太冤屈了，既没有范蠡后半生活得潇洒自在，也没有伍子胥那样刚烈地与吴王夫差辩驳，且断言夫差不听其言必败无疑，留给后人一个忠贞直谏的形象。

文种和范蠡是越王勾践的左臂右膀。范蠡对文种的评价是：“打仗，文种比不上我；治国，我比不上文种。”当勾践败给夫差时，性命难保，是文种代勾践去求和，他用膝盖跪着进吴宫，低头恳求吴王，受尽屈辱；以后又是文种献计，贿赂吴国权臣伯嚭，使吴王不杀勾践，允许到吴国去服苦役。勾践夫妇和范蠡作为人质，在吴国三年，越国一切国政交给文种代理。勾践回国后卧薪尝胆，不忘国耻。为了图强，勾践问于文种治国措施，文种说："爱民而已。"又："不夺民众喜欢的东西，那就是使他们得利；不让民众错过农时，那就是使他们成功；不要多造高台别墅去嬉游，那就是使他们快乐安静；无为而不苛刻，那就是使他们喜悦。我以为善于治国者，对待民众就像父母爱护子女，听说他们饥寒就感到哀痛。"

以后越王又恭恭敬敬地请文种献计，文种毫无保留地说："想要报仇雪恨，攻破吴国，有九种办法。"于是文种一五一十说出了"九术"（其中即有献美女一术），深中勾践之下怀。

在越国越来越兵精粮足之时，文种又出一策，到吴国通过伯嚭求见吴王，请求买点粮食，来年归还，吴王不听伍子胥之谏，借给越国上万石谷种。第二年越国谷子丰收，于是挑选上等的谷子把它们蒸熟还给吴国，吴国把这些谷种种下地，没有一颗发芽，吴国因此大闹饥荒。还有一次，提到打吴国时，文种对越王说："审物则可战。审物，则别是非；是非明察，人莫能惑。"文种的识见和智慧在当时应当说是高超的、一流的，连勾践也不得不叹服地对文种说："孤蒙子之术，所图者吉，未尝有不合也。"

然而"知人者智，知己者明"，文种可以料算客观的人和事，且十分准确，但却不如范蠡会料算勾践的内心。当范蠡警告文种功成身退：“你该走啦！越王一定会杀害你的！”文种还以为范蠡言过其实。范蠡再作发挥，并告诉他：“越王长相是长脖子、鸟嘴巴，眼神像老鹰，走路像狼，这种人可以和他共患难，却不可和他同享安乐；可以和他一起出入危险的地方，却不可以和他一起处在安全的环境里。”文种还是不信他的话，他自恃功高盖天，勾践不会对他下毒手。也许这正是文种的悲剧之所在，他不了解他的主人，他以为自己的忠贞可以感化皇帝。

越王大功告成之后，对文种说：“子有阴谋兵法倾敌取国。九术之策今用三，已破强吴；其六尚在子所，愿幸以余术为孤前王于地下谋吴之前人。”丢下宝剑逼文种自尽。

文种的墓地在今浙江省绍兴市府山公园里的一座小丘上，笔者曾有次专程前去瞻望，水泥墓道，很有气派，可以断定是近人修建的，但是前去看顾一下的寥寥无几。我想，文种既不是民族英雄，也不是爱国义士，他的坟前冷落，无法与岳武穆、袁崇焕、于谦墓相比也是自然而然的事。这也是文种的悲剧。后人总是比前人聪明，他们可能觉得文种虽然胸有韬谋，但却也糊涂至极，看不透一个不值得挚爱的人的心胸。

历史带给人们的教益多于同情。在皇帝面前，贡献自己才学只能被利用于一时，越有才学，越受赏识，也就越会早日断送自己。

## 勾践的权术

历代帝王除了形形色色的个人品性之外，都有一套统治的权术。权力的厉害和失去权力的一文不值，逼使帝王不得不采取种种欺诈、阴谋和哭笑俱全的手段，来达到无限制地攫取权力的目的。外国学者马基雅维利在《君王论》中一针见血地说："君主总是想千方百计保持他的权势，他可以不惜一切手段，包括做尽常人眼中的坏事。"明乎此，历代帝王有一颗阴暗的心、善于使出种种手腕，也就毫不足怪了。

勾践一直是被作为某种象征看待的。确实，他的卧薪尝胆，"十年生聚、十年教训"是作为中国人刻苦自励、立志报仇雪恨的形象而千古流传的。然而，不妨回顾一下，勾践为什么要卧薪尝胆呢?

头脑发昏，过高估计自己能力的人，总是要吃苦头的。本来勾践的日子过得不错，但他很不安分，主动要去攻打吴国，而且打死了吴王阖庐；几年后不听臣子范蠡、文种的劝阻，又要伐吴，却遭到阖庐之子夫差的迎头反击，一败涂地，直到退守会稽山。这时候勾践到了山穷水尽、能否保命还是个问题的地步，他不得不采用文种、范蠡的屈膝投降、保住性命的计策，到吴国去做奴隶。做人家的奴隶，肯定要备受屈辱，他走到这一步，怎么能怪别人呢!

处于不利地位时，用种种笼络手段来讨好属下为他卖命，自己也做出赎罪的样子，以使自己的形象不在下属面前破坏殆尽，这也是勾践的过人之处。他要离开越国赴吴去做奴隶时，对手下说起了一系列的好话：“我要去做吴奴了，但有各位大臣怀德抱术，各守一分以保社稷，孤何忧焉？”他甚至生怕别人不效忠于他，故意言不由衷地说：“死是人所害怕的，而我听说要死，心里没有一点可怕的。”意思是要部下为他去卖命，连死都不要怕。而他如果真的不怕死，又何苦要受尽屈辱只为活下去呢！如果吴王夫差不是一时昏聩和软弱，狠下心来除掉勾践，勾践说这些大话连半点实际意义也没有。再看他到了吴国，见到夫差连连磕头，自称“贱臣”，“承蒙厚恩得保须臾之命”。吴王病了，他下贱到去尝他的粪便以表忠心，争取活下命来，由此可见勾践的虚伪与一副无赖相。

为了达到复仇目的，不惜使用种种卑劣无耻手段，这也是一些君王共同具有的特征。别看勾践在吴王面前装成一副可怜相，背地里却咬牙切齿要雪耻报仇。他一边采用美人计、离间计、买通吴王手下权奸，陷害忠良伍子胥，大搞一切卑劣无耻的手段来蒙蔽吴王，松懈其警惕性和斗志；一边利用手下的文臣武将，训练军队、充实粮库、卧薪尝胆、笼络百姓，“念复吴仇，夜以接日”。最后，勾践达到了目的，逼死吴王，杀掉利用价值已完的吴国权奸伯嚭，复了仇、雪了耻。从自强不息、发愤图强的角度来看勾践的卧薪尝胆，对于中国国民来说，没有必要去予以否定；但是，从另一角度看，勾践与夫差之争斗本身，也并没有任何积极意义而言，“春秋无义战”。勾践灭了吴国以后，带兵北渡过长江、淮河，和诸侯在徐州会盟，并在这一带纵横驰骋，一时各国诸侯称他为“霸王”，他的抱负也就是侵吞更多土地实现霸业，老百姓生灵涂炭他是一点也不关心的。

一切成就伟业的帝王，坐稳江山之后往往对忠于他的部下采取逐个剪除和杀戮的谋略，为的是怕大权旁落；或者是疑忌忠臣不忠，难以驾驭；或者是担心自己离世后子孙不好驾驭这些开国元勋。总之，皇帝宝座一坐稳，就要找碴儿磨刀霍霍了。勾践的翻脸无情被聪慧的范蠡看得十分清楚。范蠡也并不是单纯看面相来论断人的。他见微识著，因为在越国战胜夫差，勾践与群臣饮酒庆贺时，有乐师唱起了祝词，大意说灭吴有文种、范蠡的大功，群臣大悦而笑，唯勾践面无喜色。范蠡私叹曰：“越王不欲功归臣下，疑忌之端已见矣！”于是，下决心离开他，否则定成剑下之鬼。有些帝王一旦当政，连打天下时臣下的一两句骂娘的话或是不满的意气话，都牢记在胸伺机报复。权在他手，生死由他，当臣子的哪怕功劳再大，又有何用？范蠡是正大光明提出辞职请求的，勾践却半是拉拢半是威胁地说：“你不走，我把国家分一半给你，和你共同统治，如果你一定要离开，我要杀掉你的妻子儿女。”范蠡很不愉快，反驳道：“是我要走，妻子儿女又犯了什么法呢？”范蠡一走，提醒文种当心保护自己，文种不信，果被赐死。襄助勾践的其他功臣，或“佯狂”，或“不亲于朝”，都作了鸟兽散。

越王勾践成功逼死文种与吴王夫差掌权后赐死伍子胥，是惊人的历史重复，这类重复在中国一直延续了几千年。这些不断重复的令人感叹的故事都说明了一点：利用别人的智慧、才能、武功来实现自己当帝王的愿望，一旦达到目的，越有功的越逃不了厄运。文种临死时叹道：“后百世之末，忠诚必以我为喻矣！”然而，又有哪一个忠臣会以文种“为喻”呢？

勾践并不是一个糊涂虫，他在临死前对儿子说了一句话：“霸者之后，难以允立，其慎之哉！”他想让儿子“慎之”，以永承他的霸王大业，但他也知道，没有经历过像他那样的卧薪尝胆并打过恶仗，以及娴熟地善于交叉运用各种手腕来统治的子孙后代，江山“难以久之”。这一点预料，不失为他的高明与过人之处。

## » 介子推的醒悟

中国历史的特点之一是，皇帝生的儿子之间总要为争权夺利、抢占皇位而互相杀戮。晋公子重耳为避祸侥幸逃出虎掌，当时跟随的人有十多个。十九年后，重耳借兵回国掌权，这时他对跟随他流亡的臣下论功行赏，赏赐分三等。有几位还大摆自己功劳，以图取得更高更多的禄位。有一位名叫介子推的官员，跟从重耳逃亡过程中，就在重耳饿得两眼昏花、面对野菜无法下咽时，捧上碗鲜肉汤，重耳喝了后觉得鲜美无比，便问：这肉是从哪里弄来的？介子推答，这是割下我身上的股肉做的。重耳感动得掉下了眼泪，并说：我将怎样来报答你呢！

想不到，如今几乎所有跟随的臣子都得到了重耳的赏赐，独独介子推一无所得。这似乎是一记重锤，使介子推猛然清醒：我自以为忠心耿耿，可别人早就忘之九霄，这个忠臣做得有什么意义？我为之抛家别母、辗转奔波，有功劳有苦劳；再想到重耳初逃时狼狈不堪，饥寒交迫，后来到了别的国家寄人篱下，却耽于酒色，要不是臣下们硬行作为，他也不大可能登占王位，此人远无大志，再做他的臣子很难施展抱负。

介子推既不像有的大臣那样去表功求赏，也不去提醒重耳漏掉了自己。他随着别的大臣去“朝贺”一次之后，托病居家，甘守清贫，躬自织履，侍奉老母。重耳大宴群臣时，没见到介子推，也就想不起还有这个人了。介子推母亲对他说，你效劳十九年，为何不自述？介子推说，重耳登位，是上天的安排。偷人家东西，要被称为盗贼，何况贪天之功以为己力！诸臣不知天意，争夺其功，上下欺蒙，我不想再跟这样的人共事下去了。其母说，你应该求赏，否则死后去怨谁？介子推说，我已经发过誓愿，不要这个禄位。其母问，是否应让重耳知道你的想法？介子推说，去美化自己，好比在身上绘花纹，现在我身子也要隐藏起来，再去绘花纹干什么！其母显然被儿子说服了，便说：既然这样，我和你一起隐居起来吧。介子推高兴地说，我喜爱绵山，就去那儿吧。于是便悄悄携母结庐于绵山的深林峡谷中。

后来介子推的一个随从很为他抱屈，“乃作书夜悬于朝门”为之不平，这时重耳才想起漏掉了一个介子推，马上派人去请。找不见人，后问其邻居，邻人告知去了绵山，重耳带人去找，围住绵山，依然不得。有大臣献计，若举火焚林，必当背其母出山。重耳命军人在山前、山后放火，三日才息，一直不见介子推影踪，大火灭后，才发现介子推母子相抱死于树下。重耳对这个傲骨之人无可奈何，又后悔自己的过失，便命人把绵山改为介山，立县称为介休县，意为介子推休息于此。焚林之日正面临中国古历的清明节，老百姓思念介子推功高不言禄及悲惨遭遇，在节前自愿禁火禁烟一日，用冷食来纪念他。当然，历来权贵才不肯为一个介子推而牺牲一天的美味享受。唐诗人韩翃的《寒食》诗“春城无处不飞花，寒食东风御柳斜。日暮汉宫传蜡烛，轻烟散入五侯家”就指出了这一点，难怪文学家木心先生说：“寒食，全国禁火唯皇帝许可特敕京城街中燃火，近贵宠臣也分到这份恩典。不以唐而以汉入诗，一是拉开距离，二是暗喻讽刺……如果只选一首来代表唐诗，我推荐此首。”

史书上在夸介子推时说他是“让禄”，此言不准。如果重耳赏赐跟随他逃亡之大臣中有介子推，介子推谦让给别人或谦让而不受，那是名正言顺的“让”禄。事实是他根本没得到禄，那又何来“让”？之所以说他是“让禄”，不过是对皇权的忘恩负义的掩盖和涂脂而已。

介子推在冷静中意识到，重耳根本就没想到过自己跟随他十几年并且割肉奉君之举，别人做不到的他做到了，可是重耳居然忘得干干净净，这样一个只知有己、极端自我的人，与之共事做他的臣子，又有何益？难道一定要等到刀钺在颈才悔吗？他短剑斩情，下决心进绵山，是十分坚定的，因为他从自身遭遇中所懂得的情理远胜过任何圣人的教诲。

介子推并不会知道自己隐居会闹出偌大的动静，他也并不想让后人学他的样子或以他为戒。毕竟在皇权面前，臣下都希望得到垂青，心之所系情志所托还是那个至高无上的君主，他们要敢于想透、想远，具有十分清醒的头脑，像介子推那样主动疏远、断然决裂、坚定醒悟，是十分艰难和稀少的。

## » 金圣叹的悲剧

离世后受到截然相反评价的文人，金圣叹可以算一个。生于明末清初的这位才学过人、性乖不羁的书生，眼见清兵对江南民众的杀戮，便断然不去做官，专以“读书著论”度日。他喜读《离骚》、《史论》、《庄子》、杜诗、《水浒》、《西厢记》，并作批注，他的见解即以今日眼光视之，也不失为真知灼见。

在他五十四岁那年，所在的吴县县官肆无忌惮地监守自盗，激起了民愤。正巧顺治皇帝去世，热血青年学生哭于文庙，并掀起声讨贪官县令的风潮。不料，县令的后台立即逮捕为首者，罪名是“国丧期间”聚众闹事，“震惊先帝之灵”。本来此事似与金圣叹无关，至少他不是首领或策划人，但经他宿怨告发，遂被以主犯身份逮捕。此案共斩首十八人，且株连妻儿充军关外，家产悉数没收。

有人颇热衷金圣叹的奇闻逸事：什么公差来抓他时，他正在厕所出恭，便笑对差人说：“此谓之公人。”“公”与“恭”同音。还有什么临刑前饮酒自若，说割头痛快也，饮酒快乐也，割头先饮酒，痛快痛快！什么临刑前口授其子一联：“莲子心中苦，梨儿腹内酸。”“莲”与“怜”，“梨”与“离”皆谐音，借此述其心情。还有什么狱中寄信给其子曰：黄豆与腌菜同吃有胡桃风味等。这类真假莫辨的事恐怕多数是后人杜撰，试想受冤被逼走上绝路时怎么可能会有心情去耍这种小聪明？在相当长的时间里，有人说他是“惑人心、坏风气、乱学术”的反动封建文人；有人认为他受冤而死，是因为“才高俗人讥，行僻世人嗤”，他所批注的“六才子书”，应称作“金批”予以重视。

有一点叫人纳闷的是，金圣叹为何在狱中一直不作申辩？以金圣叹的明睿当知“聚众闹事”罪名带来的后果，按照他当时的名望，似也有机会可以为自己辩解，可他一概没有，原是他心中存有一种幻觉。

在顺治十七年正月，有朋友告诉他，顺治皇帝读到了他批注的才子书，大为欣赏赞叹，对一些大臣说：“此是古文高手，莫以时文眼看他。”本来金圣叹是位反清入关的志士，可是当一听到这个传闻后，他为大清皇帝看到他批注的文章，欣赏他的文才，一下子“感而泪下”，因此“北向叩首”，并且立即挥写出《春感八首》诗，什么“忽承帝里来知己，传道臣名达圣人”，“何人窗下无佳作，几人曾经御笔评”，“半生科目沉山外，今日长安指日边”，“云霞开曙趋龙阙，笔墨承恩近凤帏”，“老夫欲寄精诚去，凭仗高风达紫宸”。这些诗句无非表述自己得到顺治赏识，进京为官指日可待了，如果当了官要尽心尽力以报隆恩——可惜左等右等，未见降旨封官的半点动静，那种一登龙门身价百倍的急切渴望如火焚心。不料几个月后，爆发了“哭庙”案，把他牵扯了进去，更令他始料不及的是，顺治皇帝死了。于是，他双眼盯在康熙身上，以为他能像他父亲那样赏识自己。

幻觉支配着自己，以至于把他抓住审问时，他脱口大呼“顺治帝”，意思是顺治赏识我呢。不料主审官大怒说，新皇帝刚即位，你却大呼先帝，这不是在诅咒康熙帝吗！除了杖打三十下屁股外，加打了二十下巴掌。可怜瘦弱书生顿时血肉横飞。

幻觉让他觉得，既然自己成了皇帝知音，别人敢拿自己怎么样？心里总盼着朝廷快降旨宣召自己进京呢！才思敏捷的这位大才子，却是政治上的糊涂虫。清高落入庸俗，难逃人生悲剧，很快由意气峥嵘变得心如死灰。聪明一世、糊涂一时，盼皇恩浩荡，变成黄粱美梦。

文人总想用一肚子之乎者也“卖与识家”，“出有车，食有鱼”，是很愿意为五斗米折腰的。倘听到了最高当局的夸奖，以为欣遇知己，于是极愿或作帮凶，或成宠幸，忘乎所以。如果最高当局只是“玩票”，有口无心，说过就算了，像顺治夸金圣叹那样，而听的人却沉迷“可达紫宸”的幻觉中，直到砍头或落难时才醒悟，有的也许至死也还未醒悟，那是真正的可悲！鲁迅先生曾提到“我们极容易变成奴隶，而且变了之后，还十分欢喜”，或是“想做奴隶而不得”，在“我们”中文化人尤其占多数，金圣叹不过是一个突出的代表。

# » 历史中的三类人

## 一、忠奸人

忠与奸本是两个水火难容的品德，把这两者融于一身，成为忠奸人，似乎不大可能。可是有的历史人物其一生做派，往往忠奸俱备，称之为忠奸人也许并不乖舛，生活与人性就是有这么复杂，不能不使人嗟叹不止。

被人尊为“千古一相”的李斯，我以为就是我国有史以来第一个忠奸人。不错，他可算得上是秦朝首屈一指的政治家。他与韩非子皆出身布衣，师从荀子，以儒学为本，并兼蓄道家、法家、墨子诸家之精华，成为博采众长的奇儒。入秦之后，李斯见关中秦王生气勃勃、潜力十足，便投靠效命，出主意竭力劝说秦王须尽早攻灭六国诸侯。秦王采纳其谋，遣官员持金玉游说并分化六国，离间多国君臣，各个击破，终成帝业，李斯起了关键作用。秦王主政不久，曾发出逐客令，要把在秦国谋生的六国才人、名士驱逐出境。李斯独立上书谏劝，指出本应吸收这些人才的智慧来拓展疆域、强大国力，逐客等于是借武器给敌人、送粮草予盗贼，大错特错。秦王终于接受了李斯的建议。这篇《谏逐客书》成了千古名作。在秦王朝一统天下后，他积极协助设立郡县制、制定礼仪规格，“车同轨、书同文”，使秦始皇统一了全国的度量衡和流通货币，奠定了中国几千年的封建政治制度的基本格局。

李斯还是个书法家，他设计出小篆的书体，并曾立为标准书体。李斯成了秦始皇重臣，权势、荣华、富贵集于一身，如果就这样度过一生，“千古一相”的帽子是合乎头寸的。可惜，李斯的阴暗心理让他的晚年最终坠入奸佞的泥坑。

当集权主义统治时，百姓自然难免众说纷纭，意见不断，读了点书的人抗争辩驳有理有据，不易就范。于是李斯给秦始皇出主意：焚烧民间收藏的《诗》《书》等百家语，禁止私学，加强中央集权，打击以古诽今的儒生，对于敢“诽谤”朝政者予以严惩。秦始皇因而“焚书坑儒”，倒行逆施，开了我国摧残读书人、制造文字狱的恶劣先例。

李斯是个道德面貌十分渺小的人。博学多才的韩非子是他的同门师兄，是有名的哲学家、思想家，秦王十分赞赏其著作，并慕名邀其来秦国。李斯十分嫉妒，容纳不下师兄的存在，竟挑拨是非、制造事端，使韩非子无故被囚，并最终在狱中服毒自尽。

秦始皇死于巡游途中，大坏蛋赵高利用李斯的弱点，与其合谋，伪造遗旨，以不忠不孝罪名令始皇长子扶苏与守边大将蒙恬自杀，立昏庸无能的胡亥为二世皇帝，成了中国皇室禁苑阴谋篡权的首例。

李斯曾告诫儿子：“遭遇乱世，以保身为金。”还对儿子说，粮仓里的老鼠和厕所里的老鼠，活得大不一样。粮仓里的有吃有睡，从不担心安危，养得肥硕；厕所里的老鼠猥琐瘦弱、整天担惊受怕。人和老鼠一样，过得好还是不好，完全由所处的环境来决定。李斯一生践行于他的想法，生怕拥有的富贵会丢弃。赵高正是抓住李斯这个致命弱点。聪明过人的李斯不过一年之后就被赵高制造的罪名关进牢房，并被腰斩于咸阳，且祸及三族。

综观李斯一生，为秦始皇夺取天下、巩固政权鞠躬尽瘁，可谓尽忠；不惜卑劣手段保住自己的荣华富贵，可谓耍奸。他无法摆脱粮仓老鼠优哉游哉的诱惑，最终却成为厕所里肮脏、卑劣、猥琐的一只老鼠。

## 二、坏人的不简单

民国之前的中国历史上，已有定评的坏人有十名，他们是：赵高、董卓、李林甫、蔡京、严嵩、秦桧、贾似道、刘瑾、魏忠贤、和珅。

仔细看一下这十个人的经历，便会发觉他们也是挺不简单的。当然，要是活得很简单，即使是个坏蛋，也不过成为一名流氓、地痞、恶奴而已，成不了十恶不赦、祸国殃民、大奸似忠、天怒人怨的大坏蛋。他们在什么地方颇不简单呢？

这些人在书法上很有造诣，决非等闲之辈。那个指鹿为马、断送秦王朝的赵高，是秦汉时期的书法大家，善写大篆。秦始皇都要他负责教儿子写字。秦朝统一天下之后，颁布了一些文件，书写这些文件的标准字样都以他的大篆为基础，可见其书法水平之高。秦桧也是书法大家，他开创的宋体字流传至今。

这些人天资聪颖，擅作诗填词，苦读寒窗多年。严嵩考上进士，秦桧中过状元。严嵩写赋体文章，曾一度无人望其项背，他的书法也好，北京的酱菜店招牌“六必居”就是他写的，字形稳重、整体端庄，令人惊叹，保存至今。和珅懂几国外文。

这些人善于伪装蒙蔽人，当面花言巧语或慷慨激昂，说得人心花怒放、毫无戒备，然后上他们当、受他们骗、挨他们整，而他们施阴谋、放毒计时毫不手软，直到把对手整死或进监狱为止。“口蜜腹剑”是他们待人接物的最大特点。

这些人善于借刀杀人。王安石实行改革变法，蔡京积极支持，实质上却以恢复新法为名，行搜刮天下、排除异己之实，把政敌司马光、文彦博等扣上反对变法的“奸党”帽子，肆意迫害，便是一例。打着正经招牌，干着卑鄙勾当，是他们的家常便饭。

这些人善于钻营、随机应变，得到宠信。你看，十人中占了宰相权位的竟有七人，李林甫、秦桧、严嵩把持相位近二十年！当皇帝近身太监的有三人。他们能爬得这么高，就是靠阿谀奉承、报喜不报忧、粉饰太平来欺蒙惑主。

这些人贪赃枉法、买卖官位，一个个皆是大贪官。和珅被捕入狱时，清查他的家产竟有当年国库的四倍之多。

坏人不是戏剧舞台上的角色，一眼就可看得穿好歹的。

## 三、小人厉害

明末清初，有文人编写明史稿，内里对满清入关夺取政权一事，多有指责与不满。

富商庄廷龙有了点钱想成名、立言，便买下书稿，改成了自己所著，“刻成行世”。为了抬高身价，在书前他擅自罗列了当时的二百多位名士，“盖欲借以自重”。其实这些文人都没动手编纂撰写，有的甚至没见过此书。

本来此事官府并不知晓，毕竟当官的关心市场上出新书的人历来不多。这时出来一个角色，原为归安县令，叫吴之荣，曾因贪贿被抓过，遇上大赦才出狱。大约因为尝过当官的甜头，如今不甘心被撸光一切当个平头百姓，极想东山再起。有人替他出谋划策：只有立下奇功才可鹞子翻身。巧的是，吴之荣读到了这本明史稿，便抓住书中诋毁满清入关的一些内容，向上打了小报告。官府中有人悄悄告诉了庄廷龙，起初庄以为自己有钱，足可摆平上下左右，只需把书中一些攻讦的语词或删或改便可，并不去理睬吴之荣。岂料小人哪里随便甩得掉。吴之荣极有心计地去购得初刻原版本，赶往京师，摘录下论评的语录，密奏于入关有功的满清大臣处，终于状子告准，庄延龙一家老小以及凡刻上姓名的名士计二百二十一人，统统被赶尽杀绝。

这个告密有功的吴之荣被重新起用当了官，而且还升了职。

皇帝不在乎他算不算个人才，哪怕明知是个没什么真本事、又擅于钻营的贪贿之徒，只要认为是个忠心耿耿的奴才就要用，而且打小报告立了功，自然既往不咎。

一个小报告使几百人成刀下之鬼，真比吃肉不吐骨的虎狼还要凶残百倍。最可怜的是那些名士，闭门家中坐，祸从天上来，稀里糊涂遭屠戮，实在是冤哉枉也。

只要有名有利的途径存在，打小报告告密诬人，这事不大可能会绝迹。假如透明化程度高、民主意识比较强、等级制度不再存在，诬人之类就很不容易得逞。因为在一切都公开、透明、民主的情况下，凡事不可能暗箱操作，任何诬陷、不实之词很容易拆穿，领导也不可能光听“密告”之语就可以对人断然采取措施。

从另一角度看，小报告也要有主子爱听才生效，如果不爱听，小报告也起不了任何作用。主子倘厌恶小报告，打小报告也就没有了市场。凡小报告能有效，皆因为头头喜欢，甚至把擅长密告者当成忠顺的部下来培养使用。这样的头头肯定是个长期浸淫在封建意识的浓液中而不自知，或本人就是个爱在自己“一亩三分”地里做封建王的角儿。于是打小报告一本万利，听小报告随时把“可疑分子”清除排挤，就更易于“一统天下”。

因此可以认为，小人是厉害的。

# » 史海杂陈二题

## 夏禹的公与私

夏禹姓姒，黄帝轩辕氏之玄孙。其父（一说是母）鲧面对滔滔洪水采取堵塞之法，久治无效而被杀。禹接手后采用的是疏导泄洪之招，取得成效。

他在外治水十三年，几过家门而不入，声威远播，于是“受帝舜之禅，践天子之位于安邑”。禹在位后把辽阔的大陆按山脉河流的自然走向，定为九州：冀州、兖州、青州、徐州、扬州、荆州、豫州、梁州、雍州，后人常以九州泛指中华民族的所在地。他又喜巡视各地，来到长江以南的绍兴等地会见诸侯。为了巩固统治秩序、镇压“乱政”者，还制定了“禹刑”。他似乎不如舜开明。舜时，“广视听，求贤才以自辅。欲纳谏，以闻其失。立诽谤之木，使天下得改攻其过。置敢谏之鼓，使天下得尽其言”（见《纲鉴易知录》，以下简称《纲》，中华书局1960年5月第1版，第23页）。舜的这个举动，以后几千年帝制中几乎没有一个皇帝能做得到，就是直接得其恩泽的大禹也没做到。

据《国语·鲁语下》记载：在吴越地区有一个部落首领名叫防风，与禹一起治水，他采取了堵与疏相结合的办法，为治水立下了大功。禹到江南要会见各部落首领，根据治水的贡献大小，计功论赏。这样一次约定时间的会见，防风迟到了，大禹就以迟到这一理由对他“杀而戮之”。防风并不是延误了重要的军事行动，这个迟到也没有带来任何损失，只是庆功会迟到了，又是多大的错误？却招来杀身之祸。那么，防风为什么会迟到？原来是在赶来的路上遇到山洪暴发，他带领民众抢险之故。大禹后来知道原委，痛悔不及，赶去墓地祭奠了一番。不过，有的史学家根据吴越等地一些民间传说，认为大禹要灭防风已定，迟到不过是找个借口而已。原来大禹建立夏朝之后，想传位于儿子，却遭到防风等部落首领的非议与反对，大禹是杀一儆百。而历史确实表明了，古代的禅让制结束于夏禹之手。从大禹开始，我国从此确立了父传子、兄传弟的“家天下”的世袭制。

夏禹时代有位官员名叫仪狄，用粮食酿酒成功，进献给大禹享用。大禹品尝后，觉得其味甜美至极，但饮多会醉，所以他反对酿酒并且自此之后疏远了仪狄这个人，说：“后世君王必有以酒亡其国者”（《纲》，第27页）。这真是振聋发聩，警世名言。

大禹治水十三年，三过家门而不入，真是大公无私，令人肃然。不过，如果他顺道回家看看，住上几天，帮助妻儿料理一下家务，就算有点私心，也是大公小私，可以忽略不计，因为并没有造成什么大害。而各部落公推贤明之人为领袖的禅让制给予废除，意图让自己儿子继位，即使儿子是个人才，举贤不避亲，也只能算是一种私心，更何况为了实现世袭制，把有反对意见的人找个借口杀掉，更是极端之至了。

民间传说称，禹在得到舜的权位后，竟把舜流放到今湘粤桂交界处，以至死后，埋于该地九嶷山，舜的妻子娥皇与女英追到湘江边，悲啼而投江。禹这种做法，是否忘恩负义且不论，但私心大发，是可以肯定的。《颍州语小》中有："君子小人之目，始于大禹誓师之词，曰'君子在野，小人在位'，益谓废仁哲，任奸佞也。"就是说，在那么物质贫乏，民智未开的大禹时代，已经有君子、小人的称谓，并有小人为祸却在位，君子反而被整受冤屈的说法，这倒也是意味深长的。

人是公与私两种截然相反意识集于一身的复杂综合体，即使在夏禹时代生产力水平相当低下的状况下，也有了充分的体现。

## 一大于五

《资治通鉴》一开头，讲了个故事。在晋国把持朝政的是智姓、赵姓、韩姓、魏姓四大家族，他们把晋军名下的土地都瓜分完了。四姓中以智姓族人最为势盛力强。一次智姓掌门人智宣子嫌长子智宵太懦弱，认为次子智瑶文武双全，可以当他的族长继承人。族人智果评价说，智瑶有五个方面突出：身材出众，射箭、驾车力大，多才多艺，巧思敏慧，强毅果敢；有一个毛病，就是为人不仁不义、恃强凌弱，那是很危险的。如果让智瑶当继承人，后果很可怕，智姓宗族必有灭亡的可能。智宣子认为智果在夸大其词，并不听从他的劝告，还是立智瑶为自己的接班人，智果马上到掌管氏族的太史那儿，请求脱离智姓宗族，以绝后患。

智宣子去世后，智瑶成了族长。不久，他请韩、魏两家负责人宴饮，席间他不仅肆意戏弄他们两家，还张口要他们献出土地来，那两家知道硬拼还是拼不过智瑶，只好忍痛献出居民有一万户的大城。智瑶心想自己不费吹灰之力，就得城占地，实在太高兴了。有谋士提醒他：“就怕灾难会降临呀。”智瑶说：“灾难只能由我降给别人，我不降下灾难，谁还敢给我降下什么灾来！”谋士再次劝说：“人在小事上谨慎，才能没有祸患。现在你一次宴请，就使韩、魏两家受辱失地，事情会很不妙的。蚊子、蚂蚁、黄蜂、蚕虫都能加害于人，何况一个大族的首领重臣！”智瑶根本听不进去，不予理会谋士忠告。

不久，智瑶让赵家交出两块领地，赵家不给，智瑶大怒，率领自己及韩、魏两家的兵力一齐去攻打赵家。赵家奋力抵抗，紧守城池，智瑶下令掘开汾河，引水灌城让城里一片汪洋，赵家危在旦夕。智瑶的一个谋臣进言说：“韩、魏两国估计要反叛了。”智瑶哪里会相信。谋臣又说：“按人事常理一推算就明白了，韩、魏两家跟随你打赵，赵亡后，灾难就会降到自己头上。所以你看赵快亡了，他们两家却毫无喜悦之色，反而担忧之极，这不是一种反叛的征兆吗？”

智瑶并不相信谋臣的话。

此时赵家派人偷偷来见韩、魏两家负责人，说：“唇亡齿寒哪！赵亡，你们两家也会跟着亡。”两家一想很有道理，于是私下联合一齐攻打智瑶。

先是赵家派人杀死守护河堤的官吏，决开河堤用水淹灌智瑶的卫队，这些卫队因而大乱。接着韩、魏两家在侧翼夹击智瑶。赵国又从正面大破智瑶兵力，当夜智瑶全军覆没，他被斩杀。三家终于联合作战灭掉智瑶，把智家领地平分，得胜而归。

智姓家人中，那个有先见之明的智果，由于改了姓脱离了智家，避开了杀身之祸。

常听人说，某某人优点很多是为主，缺点不多乃为次，于是心安理得。其实要细想想，这缺点是不是本质性的、关键性的。智瑶优点多达五条，缺点不过一条，就是这一条缺点，却让他毁了全族人的身家性命，也包括他自身。

## » 戚继光买官了吗?

历史类读物现在很好销售，于是不少出版社闻风而动，在短时间里，一本一本地推了出来，至于是不是戏说，是不是涉及抄袭，是不是信口雌黄，则不去顾及，让人不得不怀疑这种出书的动因并不是为了对历史、对读者负责。

比如，有一本《读人与读史》，内有抗倭民族英雄戚继光的有关章节，编著者居然说：“戚继光……也有很多后世所叹息的并不光彩的‘出身’。” “为了实现自己能够举兵打仗、抗击倭寇的愿望……他做了一个行贿者。” “明朝中期奸臣严嵩独裁弄权，卖官是他的拿手好戏，谁想当官，谁就得给严嵩行贿。” “戚继光能被重用，委以抗倭重任、行贿也起了很大作用……”

去年九月，同一出版社又出版了《明朝十讲》，在谈到“海疆守卫者戚继光”时，编著者也持此说。

对待历史人物，应该有个最基本的客观态度，那就是起码要摆出足够的证据，用事实、用史料来说话。这两本书的编著者言之凿凿戚继光是向严嵩行贿买官，那么，戚继光是在哪一年向严嵩行贿的，行贿多少，买了个什么官？他去抗倭也是行贿得来的结果，又有何史料来证明？

严嵩是明朝嘉靖时代的大奸臣，特别是在六十五岁出任内阁首辅后，阴险狡诈，嗜权酷贪，无恶不作。然而，严嵩坐稳首辅宝座时，戚继光已经二十二岁，早已“当上了官”。戚继光的先祖曾随朱元璋打天下死于战场，朱元璋给了戚家可世袭的“登州卫指挥佥事”的四品官位。戚继光在山东蓬莱农村长大，戚父虽将门之后，也出任官职，但一生清贫，家徒四壁，在病重时让不满十六岁的戚继光进京去办袭职手续。而此时戚家没有什么余钱，戚父卖掉房子凑钱给儿子做盘缠赴京。戚继光拿着登州卫开具的袭职文书，长途跋涉，进京后先是接受“弓马娴熟”的考试，然后还要进行武艺比试，比试科目是骑马越墙、越沟、射箭，马上使枪，马上与人对刺等，凡比试不合格就得过两年后再考。比试合格戚继光去兵部办理手续，兵部发给袭职证明，戚继光凭此转回山东赴卫所任职。明史上有“自十六龄而出仕勤劳王家”之句可证。这时候的严嵩是礼部尚书，还管不到兵部的事，即使刚当上大学士，还不是首辅，手也无法伸得很长。再说一个不满十六周岁的农村青年也没有这个可能到权贵严嵩家去送钱(他也没有这个钱)买官，且戚继光也没有必要去买官，因为他的“官”是世袭到的，即不需要去买就稳有的。

戚继光从戎后，尽职尽责，二十一岁时恰逢保卫京师的战斗，他写了御敌方略，引起兵部的重视，将方略刊刻出来发给将士学习，因而闻名于朝廷，受到不少大臣将士的夸赞。二十二岁戚继光率兵连续三年戍守蓟门，被推为中军指挥官。二十五岁时倭寇不断侵扰我国东南沿海，戚继光被多名将领推荐，晋升为“署都指挥佥事”，准备与倭寇开战。这以后他不负众望，身经百战，转战鲁、浙、闽、广，战无不胜，“一时名将无出其右者”。到他三十四岁晋任为总兵，即有可能与严嵩面对面时，严嵩已经垮台。

自身的文韬武略，加上海防紧张的斗争形势，使戚继光大有用武之地，灭倭的才干有了充分的发挥。明朝的武将是受制于文官的，戚继光刚出道时，还沾不上严嵩的边，严嵩也还看不上一个低级的小士官。戚继光大鹏展翅剿倭寇时，管他的是兵部尚书谭纶等人，谭纶对他格外器重与保护，“名与实符，识与才合”，因此戚继光根本不需要也无暇去走严嵩的门子。严嵩败之时，戚继光仍然还在福建、广东等地为剿灭倭寇日夜奋战，“遥知百国微茫外，未敢忘危负岁华”（戚继光诗）。所以，戚继光是买官，是通过向严嵩行贿才能去抗倭立功、得以实现报国宏愿，恐怕是一种于史无知、于论荒谬的说法。

## » 戚继光是“孤独的将领”吗?

美籍华人学者黄仁宇在《万历十五年》一书中评述了万历皇帝、首辅张居正、名将戚继光等七人，对于戚继光他下了个结论：“孤独的将领。”

孤独者，独自一人、寂寞无靠之意也。戚继光是“孤独”的将领吗?

万历皇帝朱翊钧登基时才九岁，首辅大学士张居正既是他的恩师，教他学文化、学政事，又代他管理着朝廷军国大事，夙夜辛劳，使国家安宁发展。朱翊钧十九岁时，张居正积劳成疾，病逝京都。不料九个月后，尸骨未寒，万历皇帝竟下令抄他的家，逼死其家人。朱之冷血无义，令人发指。受到张居正重用的戚继光，在平定浙、闽、粤沿海一带倭寇后，被调往北方，先是守卫京师，后又总理蓟州、昌平、保定军务，使京师一带安然无事。张居正被抄家，他作为“张党”，即遭猜疑和排斥，不受信用，被调往最南端的广东。意味深长的是，一年后有个叫傅光宅的监察御史出于公心向万历皇帝建议，重新起用忠心耿耿的常胜将军戚继光，朱翊钧非但不予采纳，还罚了傅光宅三个月的俸禄，由此可见对戚继光的忌恨有多深。戚继光悲愤难抑，在一首诗中写道："人间薏苡容身易，天汉风波把舵难。"意思是，在人世有点野果就可以存活，而在朝廷为官做事却很难。

戚继光十七岁开始军旅生涯，十八岁时以"封侯非我意，但愿海波平"的诗句，表达了他卫国的决心。三十六岁前后，戚继光已是一个省的最高军事长官。他所训练出的精兵强将，大破危害东南沿海数百年的倭寇，并取得了决定性的胜利。由于北部边关外的游牧民族不断侵扰，京城曾有三次不得不戒严告急，于是他临危受命，出任蓟州总兵官职。此时边外的游牧民族依靠骑兵的优势，一次可以出动十万兵马，似狂风暴雨横扫落叶般连亘一千多公里集中来犯，势难阻挡，在戚继光之前的明朝将官经常是束手无策。戚继光走马上任后，很快重新操练一支不怕死的军队，创造了各兵种协同作战的战术并发明战车、轻火器，以对付关外骠悍的骑兵。戚继光在蓟州十六年，关外敌骑始终难得其逞。可以说，和戚继光同时代的武将，没有一个人能够建立如此辉煌的功业，连黄仁宇先生也感叹说：戚继光从来不做不可能做到的事，在可能的范围里，他已经做到至矣尽矣！另外，戚继光还有军事著作传诸后世，《四库全书》只收我国古代军事著作二十部，戚继光一人撰写了两部。戚继光的诗也写得很深情，他留下了二百五十多首诗，编成了《止止堂集》。他的文章也是心有所思、言之有物，内容十分丰富多彩。

戚继光的传奇在老百姓代代相传中留下了永恒，如今在冀、鲁、浙、闽、粤等地，仍有不少戚的纪念馆，享受着人们的崇敬。而那个在阴森森的墓窟里躺着，谁也不会对他留下一丝好感的万历皇帝，留给历史的除了凶残和毫无人性之外，还能有什么呢？有人说，明朝的灭亡，大半是万历留下的祸殃，那是一点不错的。所以我以为，戚继光并不是孤独的将领，大凡死后能真正进入后世人心中的人，是绝不会孤独的。

## » 赞戚感言

中央军委主席习近平来到新疆喀什市一个派出所视察时说，对付暴力恐怖犯罪分子一定要有有效手段。看到你们的长警棍，不由得想起明代戚继光训练怎么打倭寇。他就地取材，把毛竹削尖，很长，五人或七人一组，先用毛竹竿挡住倭寇，使他们近不了身，盾牌兵再上去击杀，非常有效。我们也要有好的兵法和有效的武器。

当年，为了消除浙闽一带倭寇常年烧杀抢掠之害，时任浙江参将的戚继光亲自赴浙中招募组建了一支三千多人的军队，根据东南沿海地形特点及倭寇惯用五尺长佩刀等兵器状况，采取了新的战斗小队编制：每个小队配备健壮有力的两人作为狼筅手，狼筅乃是一丈五尺左右的毛竹，竹身留下枝杈，竹尖上包了铁质枪头；另配有杀敌经验丰富的四人做长枪手，长枪一丈左右也用毛竹制成；再有手脚轻灵的兵士两人做盾牌手；四人做短兵手，手持尖刃的刀剑。当倭寇高举佩刀冲过来时，狼筅手先用狼筅横扫敌寇，长枪手随即进攻，乘倭寇晕头转向时，短兵手立即扑上去击杀，而盾牌手则随时保护狼筅手、长枪手免遭敌人偷袭。戚继光在平倭战斗中，从实际出发，因时、因地、因事制宜，因而百战百胜。闽浙满山遍野皆有茅竹，随时可供取用，以前军人使用三尺长的刀剑，难敌倭寇五尺长佩刀的锋利；如今倭寇在狼筅长枪横扫之下，佩刀则失去优势；狼筅长枪虽系竹竿，但降伏住了敌之锋利，类似这种长短结合、扬长避短，又联合作战之法，让倭寇闻风丧胆、节节败退。

戚继光以后把多种实战经验总结提炼之后写成《练兵实纪》《纪效新书》两本兵书。他训练兵士，丢开一切花架子，训练是为了实战，不是为了好看。兵士协同作战的鸳鸯阵是他独创的，他还时时处处让官兵“练心”，即提高思想素质，就是不间断地教导士兵和将官要在战场上勇敢作战，消灭敌人，要努力保卫百姓的安全，平时不沾百姓一草一木，他对士兵说：“你不肯杀贼，保障百姓，养你何用？”（见《纪效新书》卷四）

在长年作战中，戚继光有一整套创新实用的建军策略，他认为建立能征惯战的军队既要练兵，更要练将。根据历史上得到的经验教训，他先要把将领训练成德、才、识、艺兼备的人，即有好的思想道德品质，能带兵打仗，有辨识敌情的本事。有了战斗力的队伍，戚继光便重视武器装备，而且要“因敌变置”（《练兵实纪》卷五），对于不同的敌人要采用不同的兵器，不能以不变应万变，而且一定要使自己的武器装备优于敌人。戚继光强调不要跟在敌人的装备后面跑，要用另一种优势来取代他。“使彼器技未到我身，我举器先杀到他身上，便有神技，只短我一寸，也无用矣。”“兵家之事，短不接长，必须每事长他一分。如他有弓矢之利，我以何物胜其弓矢；他有短刀之利，我以何物胜其短刀；他有万马冲突；我以何物当他冲突；使他件件不及我，般般短于我。”（见《戚少保奏议》）倭寇的佩刀一度十分猖獗，他不是去浇铸打造比倭寇更厉害的刀具，而是用狼筅、长枪来压住厉害的佩刀即是一例。他后来镇守蓟门、保卫京师时，面对善骑射的鞑靼骑兵来犯，不光是以骑兵对骑兵之法，而是采用更有杀伤力的火器来对付，并且高筑城墙和组建车营来阻止骑兵的横冲直撞。作为民族英雄和杰出军事家的戚继光，在南方抗倭十二年和北方抗御强虏十六年，南征北战，戎马一生，他一整套军事作战思想保证了戚家军的所向披靡、克敌制胜，为巩固东南沿海和北部边海防、保卫人民生命财产作出了不朽的贡献。

戚继光年轻时曾写诗表述心愿：“南北驱驰报主情，江花边草笑平生。一年三百六十日，都是横戈马上行。”他愿意献出自己的一切，为了国家不受敌人侵扰。“总然用尽檐前力，应是无心为利名。”他认为自己所做的一切并不是为了功名利禄。

回顾中华民族抗击外来入侵的历史，思考我们所处的国际、国内环境，怀念戚继光和他所缔造的戚家军，不是没有现实意义的。

## » 从戚继光斩子说起

在闽北、粤东、浙南一带民间，广为流传着戚继光斩子的故事。说的是，倭寇在浙东台州府城大败之后，绕道城北，意欲退扰仙居县城。戚继光作出部署，先伏兵于白水洋常风岭，再派一支部队去迎战倭寇，边战边退，引倭寇进入包围圈，以便全歼。小将戚印受命为先锋，戚继光再三叮嘱儿子：只许败，不许胜，佯退诱敌，违者按军令处置。哪里知道，倭寇溃不成军，戚印以为自己部队可以全歼来敌，就沉不住气，忘了戚继光的叮嘱，一声令下，矢石齐飞，刀枪猛舞，杀声震天，倭寇闻风丧胆，四下夺路逃生，使戚继光全歼倭寇的战术落了空。戚印回营缴令时，戚继光以违犯军令、贻误军机为由，不顾帐下多数将领的求饶，果断地斩了儿子戚印。

民间流传这个故事，无非是赞颂戚继光治军严明、军令如山、不徇私情，也说明老百姓是真正发自内心崇敬自己心目中的英雄的。

然而，翻遍各种历史资料，均没有戚继光斩子的记载。史载：戚继光十八岁结婚，原配是王氏。结婚不久，戚家生活并不富裕，王氏购得一条鱼，早上王氏做好了鱼头给戚继光下饭，中午给他吃鱼尾。戚继光以为鱼身被王氏吃了。待到晚上，戚继光见王氏端上鱼身时，十分感动，原来自己吃了整条鱼，而王氏一口没吃，可见夫妇感情之深。夫人王氏“晓畅军机”，很明事理，使戚继光“礼让三分”，有点“惧内”。但是，王氏一直无子。戚继光快到三十八岁时，思子心切，遂纳沈氏为妾，一年后未得子，再纳陈氏为妾，陈氏先后生下三个儿子名叫祚国、安国、报国，在戚继光四十六岁时，沈氏生下一儿取名昌国。戚继光在沈氏、陈氏先后过世后，又续杨氏，生子名兴国，时戚继光已五十六岁。

有五个儿子的戚继光没有一个儿子叫戚印的，而且戚继光转战在浙、闽、粤剿灭倭寇时，年龄在三十九岁之前，此时他一个儿子也没有。如今留传后世的、由他四个儿子署名编撰的戚继光年谱，也没有戚印的点滴记载。可见戚继光斩子乃子虚乌有的一则民间传说而已。

“不孝有三，无后为大。”戚继光生活的时代，没有子嗣是件大事。戚的父亲也是与妻长久未得儿子，便纳了妾，生下戚继光兄弟两个。戚继光为了延续后代，“乃出奇计，苦心万状”，瞒住王氏娶妾。待到王氏知道后自然怒火万丈：心爱的丈夫，居然在外陆续娶妾，她扬言要杀掉戚继光，戚慌忙穿上铠甲，坦然面见王氏，在她面前放声大哭，说是为了传宗接代出于无奈。王氏只得原谅戚，并且挑了伶俐的安国带去抚养，视同己出。

社会环境决定社会意识。明朝中期自上而下地出现了人欲横流、纵情逸乐的社会风气，春宫画、亵玩品及春药公开在市面上流行，青楼妓院一片兴隆，显贵巨贾养一班歌伎，沉酣其中。《金瓶梅》也就是在这种社会生活背景下产生的作品。在长期倥偬的战争岁月中，戚继光能够自重，尽管他有不少朋友，往来密切，谈古论今，诗词唱和，但他就是不去迎合这些成功人士的放荡，至今还没找到有关其生活不检点的史料。至于纳妾，则是当时社会所认可的普遍现象，难道我们要用今天的道德规范去苛求五百年前的古人吗？

## » 戚继光也是诗人

上海辞书出版社曾在1994年出版了《元明清诗鉴赏辞典》，在《出版说明》中，编者说："本书以选收艺术性较强的名篇佳作为主。"笔者以为，在元、明、清三个朝代的六百多年中，写下诗篇的诗人总有几千位，诗作不计其数，能为今人看中选入该辞典的诗人和诗作，自然是极品，很不容易。《元明清诗鉴赏辞典》居然选了戚继光三首诗。作为一名统率"戚家军"、抗击倭寇入侵的武将戚继光，为后人留存诗作二百五十多首，编成了《止止堂》集。《四库全书总目提要》称戚继光的诗作"格律颇壮"、"近燕赵之音"，自成一家，在明诗人中独树一帜。

戚继光是诗人，恐怕是很多读者没有料到的吧！

心有所思，赋诗言志，是戚继光诗作的第一个特色。戚继光的诗作大都出之于战争的空隙时间，或酝酿于行军之中，没有无病呻吟、百无聊赖、炫耀作秀的酸文人的那种习气，而是心有所思，赋诗言志，把内心世界敞开出来。他的《马上作》云：

“南北驰驱报主情，江花边草笑平生。一年三百六十日，都是横戈马上行。”这首诗写出一个身不离鞍马保家卫国的军人形象，戚继光在这里抒发自己愿意为国效劳终生的豪迈气概，令人动容。有名家认为这样的诗作不仅在明代罕见，就是在整个中国诗歌史中也不失为上乘之作。

借物抒情、情有所系，是戚继光诗作的第二个特色。戚继光十八岁开始军旅生涯后，先后转战浙、闽、粤三省灭倭，百战百胜，史称：为我国东南平倭逐寇立下汗马功劳。1568年戚继光四十一岁时奉命北上，镇守北京门户蓟州、山海关等处，防止屡屡侵犯的游牧民族。1583年，戚继光已五十六岁，朝廷将他调往相对平静无事的广东，使其无法施展雄才大略。一年多以后，又遭朝廷那些妒忌成性的庸官弹劾，他干脆要求退休回归故里。戚继光的晚年极其凄凉，他只能白天望着青山、夜里仰望明月，几十年疆场的一幕幕尽从脑海里闪回，感叹世事的险仄、人事的难测，心瘁力竭。戚继光在这个人生阶段留下的诗文，自然“沧桑世变，有感而发”，后人称他：“因事抒思，搦管成章，故其文闳壮可追乎古，其声慷慨自合乎律也。”由于他的人生经历了“飙发电举、踌躇满志、功高遭忌、退休回乡”几个不同的历史时期，反映在诗中，也就呈现了几种不同的意境。但不管身处何种境地，他的诗总是“伉健，近燕赵之音”，洋溢着鲜明的爱国、忧民、热爱大好山河、激情始终如一的时代特点。

请看《登舍身台》七律：“向来曾作舍身歌，今日登台意若何？指点封疆余独感，萧疏鬓发为谁皤？剑分胡饼从人后，手探谪泉已自多。回首朱门歌舞地，尊前列鼎问调和。”

明朝中后期政治的腐败，导致外敌屡屡入侵，自己志不能伸，反而遭小人忌恨，这一点对戚继光的打击是极其沉重的。后期的诗作表明戚继光不仅敢于谴责达官显宦乃至朝廷，对于社会上的其他邪恶势力更是痛加斥责，把他们比喻为“飞虫”。后来他知道自己无力回天，加上病痛折磨，于是干脆要求退休回家养病。

戚继光最后写的一首诗是《东海奇松歌》，他在描述蓬莱山畔的千年松后，写道：“欠随冷淡缘，静任盈虚理。奉己千龄外，恍然一瞬里。松有闻，尘嚣两耳具纷纭。松有见，转眼荣瘁也堪叹。松若有心情，能忘利与名。人非松，松非人，古来那具千年身。龙争与虎斗，转脸即成陈……”在这里戚继光以奇松比喻自己的节操，借松喻志，借松抒发内心之情。

戚继光的诗在艺术上有着较深的造诣，除了诗句形式的多样性外，在内容上不受陈规的束缚。他熟读明代以前的多类诗词，吸收了众多精华，融会贯通于自己诗作中。如戚继光泛舟在天津的潞河时，两岸的美景和远处传来用铁制的笛管吹出的响彻云霄的笛音勾起了他内心的一片柔情，他写下了《潞河听笛述闺情》：“茫茫辽海无鳞羽，戍客寒深妾怨深；何处少年吹铁笛，愿风吹入阿郎心。”反映了包括他本人在内的成千上万戍边将士的强烈思亲情绪，也倾诉了他们的妻室对遥无归期的夫君的怜爱之情。而读这首诗，不禁使人联想到唐朝众多诗人的闺怨诗，如王九龄的：“闺中少妇不曾愁，春日凝妆上翠楼。忽见陌头杨柳色，悔教夫婿觅封侯。”如金昌绪的：“打起黄莺儿，莫教枝上啼；啼时惊妾梦，不得到辽西。”可见戚继光是充分地汲取前朝诗人的精华，化作自己的血肉，使他的诗作以超强的艺术性来感染人，从而引起读者的共鸣。

## » “汾阳旧宅今为寺”

唐朝时平定“安史之乱”的大功臣郭子仪，被封为“汾阳王”之后，大兴土木建筑王府。一天他去察看王府建筑工地时对工匠说，墙基一定要夯筑得坚牢一点，工匠点点头回答说，王爷只管放心，我家祖孙三代在长安为人建造府邸，只有官府宅邸不断替换主人，还从来没有见过哪座王府倒塌过。郭子仪听到此，不禁连连点头，黯然而退，从此再也没有去过工地，也不大看重王府的建筑了，他已经意识到了什么。果然工匠不幸而言中，在郭子仪过世后仅四十年，汾阳王府已变成了一座寺院。同时代诗人张籍叹道：“汾阳旧宅今为寺，犹有当年歌舞楼。四十年来车马散，古槐深巷暮蝉愁。”这个真实的故事也令我禁不住想道，十八大以来纷纷落马的高官，哪一个不是费尽心机，营造了奢华的“将军府”、“书记院”？哪一个不是藏有多少套官邸、在全国风景名胜区占有豪宅？这些人原以为可以传宗接代、簪缨世家，可是我们旁观者仔细一看，他们不仅连“富不过三代”都做不到，就连“汾阳王府”的四十年都没达到就“暮蝉愁”了。

追求丰功伟绩、得到荣华富贵，本也是人之常情；然而无情的事实证明，荣华富贵可不是砸不烂、敲不碎的铜豌豆，而是极容易破碎的易碎品。

宋朝词人辛弃疾说：“富贵是危机……千年田换八百主，一人口插几张匙？”综观历朝历代任何人的田地家产，没有一个在数十年顶多上百年之后不易主的。第一代创业，第二代守业，第三代败业，虽说不一定百分之百地准确，可也是八九不离十。这还是指取之有道、财路正当的主，如果是贪赃枉法、一夜暴富、来路不明的话，那就像钱塘潮水，来得快去得也快，及至锒铛入了狱，悔之晚矣。

有人在杭州灵隐寺求得一签：“阀阅簪缨世泽深，义贤传子子传孙。雍熙五福常盈宅，举室欢歌乐太平。”高人详解曰：“五福盈宅是要害。哪五福？寿，富，康宁，攸好继，考终命。就是长寿、健康、平安、仁静、宽厚。”五福临门，谈何容易，主要靠的是“义贤传子子传孙”。义贤者，便是做一个清官，做一个堂堂正正的君子，不羡荣华富贵，不慕高官厚禄，不求非分之财，所谓“积善之家必有余庆；积不善之家，必有余殃”（《易经》）。五福盈宅，才是真正的归宿。

## » 劲节高风谁能继

杭州市内有一幢建于民国初年的“竹屋”，是原北京大学校长、经济学界泰斗马寅初先生的住宅，现已辟为“马寅初纪念馆”。在北京召开纪念他诞辰一百三十周年的座谈会的时候，在杭州“竹屋”那三层的建筑外挂出了“百年存劲节，千载慕高风”、“学马老精神，做马老传人”的大字直幅，非常吸引人们的眼球。

我瞻仰完故居里马老一生的事迹，在回去的路上忽然蹦出了一个疑问：劲节高风的马老，我们如今还学得了吗？还可能做马老的传人吗？

抗战后期，马寅初公开在报纸上、在演讲中揭露和抨击国民党政府最高当局大发国难财与民不聊生的大量事实，引起全国民众一致反独裁的义愤。蒋介石把他软禁起来，马寅初坚贞不屈，决不收回自己的观点，成为当时坚持真理的一面高扬的旗帜。1957年7月，马寅初已经七十六岁高龄，他在充分调查研究的基础上，提出了“新人口论”。当时全国人口在六亿上下，他认为中国人口必须进行控制，否则财力和资源皆承受不起，必然会带来很多的困难。这真可谓一针见血、振聋发聩。1958年，康生和陈伯达掀起了对马寅初经济理论与人口学说的全国性大规模批判，并且撤掉了他的全国人大常委和北京大学校长的职务。马寅初根本不怕这一套，他对报刊上的批判文章逐一进行公开反驳，毫不示弱。当周恩来总理以一个老朋友的身份劝他作一个简短检讨以平息这场大批判时，马老毅然决然地发表声明说，感谢老朋友的诚情，但是为了维护学术尊严、坚持科学真理，决不向以势压人者屈服，决不检讨，宁可决战到死！当时刚刚在处置全国被错判、被冤屈的“右派”进监狱、去劳改的时候，马寅初的这种不怕坐牢、不怕杀头、不怕被打成“右派”、敢于藐视大人物的大无畏的震惊世界的英勇行为，为全国树起了一尊威武不屈的丰碑！

历史是一场悲喜剧。马老以顽强的生命力，等到了四十年后终于为自己彻底平反恢复名誉的这一天。而当年策划批他的那些鼠辈，却跌入了历史的垃圾箱。那些奉命批马老的御用文字，今天还能见光吗？

面对马老故居前的直幅，我在想：中国的经济学家里如今有谁具有他的丰富学养与高瞻远瞩？1907年他就被保送到美国耶鲁大学和哥伦比亚大学攻读经济学，七年后以博士身份回国任教，后成为浙江大学、北京大学的校长。他的经济研究从中国实际出发，用大量事实来阐明客观真理，他认为说真话、道真相，不为权势利诱，是学者的基本品格。如今我们各个方面的教授、学者、专家、博士（特别是在职博士）真是不少，可单单在假冒伪劣产品施虐这一点上，有的号称专家的在报纸上、在电视里睁着眼睛说瞎话，为假冒伪劣打掩护、搞粉饰，最多来点小骂大帮忙，难掩露出的金钱收买的尾巴，让多数民众鄙视不已。

马老无论身陷囹圄还是撤职挨批，他始终不屈服、不低头，坚持真理。如今不存在批倒批臭的氛围，可是在访问费、车马费、科研费、赞助费、大红包、特殊津贴面前，在荣誉的光环面前，不少的专家变得骨酥肌颤，在权势面前，膝盖发软，因而不惜出卖真理、丢弃真理。

马老在困境中乐观豁达，每天坚持冷、热水澡交替洗，让血管软化，他还喜欢爬山，每天进行活动，晒太阳、看书刊、听戏曲，始终在精神上处于达观的高地。这也是一种无往不胜的境界，只有对自己充满信心、无所畏惧的人才能享有百岁高寿，才能如此的高标独秀！

# 后 记

“论时事不留面子，砭痼弊常取类型。”鲁迅先生的话一直是我写作杂文的座右铭。

对社会而言，出现一批趋炎附势、谄媚阿谀、顺竿溜滑的八股文好呢，还是有那么一些披肝沥胆、个性鲜明、不唯上不唯书只唯实的杂文更有利于世道人心？

“千人之诺诺，不如一士之谔谔。”杂文是谔之声，因为杂文很重要的功能是批判、揭示与讽喻。如今的时代，好人好事确实不少，但令人万分厌恶的贪欲泛滥、唯利是图、道德滑坡、背信弃义、为达目的不择手段等时弊惊人，人性裂变超出一切善良人的想象。对于杂文家来说，可写的内容实在多多。如果不予以批判、揭示与讽喻，而是闭了眼睛瞎吹胡捧，时弊岂不是虽为过街老鼠，却不能人人喊打？

1997年安徽省淮南市文联办了本《语丝》杂文专刊，征询许多杂文家谈谈自己的杂文观，笔者的表述是：“我以为，杂文作者既然痛斥时弊，就不要隔靴抓痒；既然关注民生，就切忌无关痛痒；既然借史讽谏，就舍弃不痛不痒；既然不当摆设，就勇敢挑明病秧。我以为，只有杂文，在当代看不到假、肿、空、骗、诈，不需要吹、拍、媚、奴、骂。我认为，只有杂文与编者不孜孜以求：荣升、进项、权势、财畅。”

2009年，浙江省杂文家学会出版了《之江论道》杂文集，收了我5篇杂文，我写下创作感言，如下：“七十年的人生体验是：要搬多少万字的作品以‘著作等身’自诩，是并不难的；要想写出真正能传世的哪怕只有千把字的作品，却是很难很难的。要想谋个官位，只要有心机、会手段，也是并不难的，但是要无愧于天地，无愧于良心，无愧于人民，那是并不容易的。”

到了2013年4月，江西省杂文家协会编了本杂文集《守望者书》，也收录了我的杂文，并刊发了我的创作感言：“（1）只看上头，出来的是无个性文字；仅靠文件，便成教条式冬烘。（2）至情至理的作品才有生命力。缺了血气方刚、热情奔放，很难拥有至情至性。（3）读经典太少，就一定文枯意劣；与民主隔绝，断不会思路顺畅。”

在杂文写作艺术上，我以为幽默中见庄重，严肃里含诙谐，是不可或缺的。无论为人作文，做到这一点，绝非一朝一夕之功，这与为人秉性直爽并不相逆。幽默中见庄重，严肃里含诙谐，是一种特殊的人生态度，是一种对扬美抑丑的充分自信，与作者的道德品位、美的审察、学问素养密切相关，其来源在于思想的深邃。

几十年来，我干过教师、宣传干事、编剧、记者。为“稻粱谋”常是我的生活状态，所以杂文我虽然爱读、爱写，但我一直以来无法把它作为主业。退休以后，又忝列一家文化型杂志的总编审，虽每天有时间阅读，但杂文阅读只能是大量阅读内容中的一种，因而杂文读得不大细、不太多、不够深，写得也不太多、不太精、不太深。不过我想活到老、学到老、写到不能写为止吧，只要对这个社会还能带来一点益处就好。

“凡对于时弊的攻击，文字须与时弊同时灭亡。”（鲁迅语）我坚信，只要污秽丑陋不再存在，杂文的缺失是不会让人遗憾的。